無
言
花

고요 속에 피어난 깨달음의 꽃

無言花

무언화 無言花

덕조 스님 글·사진

고요 속에 피어난 깨달음의 꽃

조계종
출판사

추천의 글

― 이해인(수녀·시인)

《무언화》라는 제목 자체가
새로운 깊이와 고요함으로 다가옵니다.

스님의 책은

잔잔하고도 맑은 기쁨을 건네며,
불일암의 사계절과 여행 중에 담아낸
다양한 사진과 글들은
우리 모두가 일상의 도량에서

다시 정진할 수 있는
밝은 힘과 용기를 전해 줍니다.

연잎 위에 앉은 빗방울처럼
가만히 명상하며
내면으로 웃고

깨달음을 고요히

피어 오르게 합니다.

여는 글

하늘엔 구름 한 점,
땅에는 떨어진 낙엽 하나.
저는 허공을 빗질하며
마음의 먼지를 털고,
흐트러진 망상의 자락을 쓸어냅니다.
세월은 구름처럼 흘러가고,
바람처럼 와서 사라집니다.
붙잡을 수 없는 순간 속에서
저는 오늘도 고요히 마음을 바라봅니다.
채마밭에 마음 한 줌을 심고,
차 한 잔을 앞에 두고
창문 너머로 스며드는 계절의 향기를 마십니다.
오고 감이 없는 시간,
피고 지는 것이 없는 계절,
그 속에서 말없는 말을 마음에 새깁니다.
침묵으로,
그리고 다시 말없는 말로,
제 마음을 달래고 길을 씁니다.
불일암에서의 시간은
성찰의 시간이었고, 인고의 시간이었으며,

비움의 시간이자 감사의 시간이었습니다.
주어진 모든 시간은
그 자체로 수행의 의미를 품고 있습니다.
돌이켜보면 지나간 시간마저
한 송이 깨달음의 꽃이었습니다.
불일암에서의 열다섯 해―
자연과 벗하며 정진하던 날들,
지게를 지고 산길을 오르며 떠오른 번뇌,
운력 속에서 스쳐간 망상의 파편들,
그 모든 흔적이 곧 제 마음의 대화였습니다.
그 대화의 자취를 모아
이제 한 권의 책, 《무언화無言花》로
세상에 조심스레 내어놓습니다.
말없는 말로,
고요한 침묵으로,
감사의 꽃 한 송이를 올립니다.

맑은 도량 길상사에서
덕조 합장

차례

추천의 글 _ 이해인(수녀·시인) 011
여는 글 012
마치며 285

제1장 | 무 無

첫 번째 날 023 • 올바른 길 024 • 저울 027 • 배움 028 • 선택 029 • 어른의 역할 031 • 호흡 032 • 인연의 고리 035 • 안거 038 • 하나 040 • 업장 041 • 도반 042 • 자기 관리 043 • 축원 045 • 부부 047 • 도전 048 • 초심 050 • 비움 054 • 한 생각 056 • 안내자 057 • 성공의 반대 059 • 꿈 060 • 바람처럼 062 • 삶 064 • 지금 이 순간 066 • 삶의 목적 067 • 안개 068 • 여유 070 • 적당히 074 • 분별의 괴로움 075 • 남 탓 076 • 무지 077 • 니르바나 079

제2장 | 언 言

마음의 소리 087 • 흔적 088 • 순서 090 • 염화미소 092 • 친절 093 • 관계 094 • 자비 096 • 자애와 연민 097 • 무아 101 • 이곳과 저곳 102 • 신앙 103 • 욕심 104 • 무주상보시 106 • 미소 107 • 믿음 109 • 여행 110 • 더러움과 깨끗함 112 • 꽃 공양 116 • 타지마할 117 • 신심 118 • 소통 119 • 나 120 • 대화 122 • 돈오돈수 123 • 고민 124 • 무상 125 • 침묵 127 • 수행자의 일상 128 • 인내 132 • 정진 133 • 공양 135 • 공부 136 • 포살 137 • 향기 138 • 도인 140 • 가족 141 • 괘불 143 • 해제 144 • 홀로 사는 즐거움 146 • 얼굴 148 • 공덕 149 • 좌선 151 • 웃는 날 152 • 발자취 153 • 세 가지 154

제3장 | 화 花

빗방울 163 • 한 점 164 • 봄비 165 • 행복 167 • 섭리 169 • 계절 문턱 170 • 가뭄 172 • 별빛 173 • 채소 176 • 더위와 추위 178 • 태풍 179 • 사르륵 182 • 계절의 선물 184 • 보이는 것 190 • 고요한 행복 192 • 걷기 193 • 존재 194 • 단상 195 • 소리 196 • 전설 200 • 나이 201 • 청매화 203 • 꽃 204 • 묵묵히 206 • 자리 208 • 때 209 • 대숲 210 • 하늘 211 • 부처 213 • 소꿉친구 214 • 외로움 216 • 안식처 218 • 사진 219 • 無言花 220

제4장 | ⋯

고독 227 • 소임 228 • 한 걸음 229 • 구도 230 • 새로운 길 232 • 희망 235 • 차 한잔 237 • 그 자리 238 • 정성 239 • 기도 242 • 무심 245 • 불씨 247 • 부처의 생각 249 • 관점 250 • 먼저 251 • 용심 252 • 이웃 254 • 보살의 얼굴 255 • 열쇠 257 • 지족 260 • 찰나 262 • 발이 닿는 곳 264 • 시간 266 • 꽃잎 267 • 잠들기 전에 268 • 숙제 270 • 열반 271 • 아름다운 마무리 272 • 답 275 • 아픔 277 • 위안 278 • 마침표 279 • 바람 281

제1장

無
무

오늘 하루가 전부이며,

이 순간이 인생입니다.

첫 번째 날

오늘이 당신의 첫 번째 날이라고
생각해보십시오.
우리가 100년을 산다 해도
단 하루씩밖에 살 수 없습니다.
삶은 하루하루, 순간순간에 있습니다.
우리는 지금, 단 한순간을 살고 있습니다.
이 순간이 전부이며
오늘 하루가 인생입니다.
오늘이 최초의 날이라고 생각한다면
나는 무엇을 시작해야 할까요.
오늘이 마지막 날이라고 한다면
나는 무엇을 남기고 떠나야 할까요.
지금 나는 무엇을 하고 있는가?
나는 어디로 가고 있는가?
지금의 나는 어떠한 모습인가?
그 물음 앞에 깨어 있는 내가
바로 살아 있는 '나'입니다.

올바른 길

날마다 생각의 갈림길에 서 있습니다.
이리 갈까, 저리 갈까
차라리 돌아갈까 망설입니다.
갈림길에 서 있는 사람들에게
가야 할 길과 가지 말아야 할 길에 대한
부처님의 가르침은 명확합니다.
올바른 길을 가고
그릇된 길은 피하라는 것입니다.
문제는 무엇이 올바른 길이고
무엇이 그릇된 길인지 판단하는 기준입니다.
그 기준은 오직 한 가지입니다.
지금 가고 있는 길이
나도 즐겁고 다른 이도 즐거운 길인가?
비록 시비가 따르더라도
열반으로 향할 수 있다면
그 길이 옳은 길입니다.
설령 남들이 바보라고 하거나
현실적으로 손해가 따르더라도
그쪽이 올바른 길입니다.

저울

마음에도 저울이 있습니다.
가끔 그 무게를
점검해볼 필요가 있습니다.
열정이 지나쳐
욕심으로 변하지는 않았는지
사랑이 너무 깊어
집착으로 흐르지는 않았는지
자신감이 넘쳐서
자만으로 변하지는 않았는지
주관이 강해져
독선이 되진 않았는지
…
마음이 조금 무겁다고 느껴질 때면,
저울을 한번 들여다보세요.
마음에도 가끔 다이어트가 필요합니다.

배움

사람은 누구에게서나 배웁니다.
부족한 사람한테는 부족함을,
넘치는 사람한테는 넘침을 배웁니다.
모든 이웃은 나의 거울입니다.
내가 번거로우면
이웃에게 번뇌를 주지 마십시오.
나는 좋다고 하지만
상대방은 아닐 수도 있습니다.
모든 판단과 행동은
각자의 기준에 따라 이루어집니다.
사랑의 표현도 자칫 잘못하면
상대에게 추행이 될 수 있습니다.

선택

괴로울 때는 조용히 눈을 감고
마음을 들여다보십시오.
치밀어오르는 분노는
침을 삼키듯 꿀꺽 삼켜보십시오.
지나온 시간이
얼마나 훌륭했는가를 생각하기보다
남은 시간을
어떤 마음가짐으로 살아갈 것인가
그것에 집중해봅니다.
지금 이 순간의 선택이
자신이 그토록 바라고 소망하는
미래를 결정합니다.
중요한 것은 지나간 과거가 아니라
현재가 미래를 좌우한다는 사실입니다.

**어른의
역할**

인생에 정해진 답은 없다지만
내 인생의 답은 스스로 찾아야 합니다.
그 답을 자식에게 요구하거나
강요하지 마십시오.
자식이 성인이 되면 스스로 길을 찾도록
내버려두는 것이 어른의 역할입니다.
동물도 새끼가 성장하면
더 이상 데리고 살지 않습니다.
인간도 독립된 인격체임을 알고
구속하지 않아야 합니다.

호흡

마음을 풍요롭게 하는
방법에 대해 생각해봅니다.
마음이 평온하지 않으면
호흡도 고르지 못합니다.
먼저 자신의 호흡을 관찰해보십시오.
지금 마음을 어지럽히는
감정이 무엇인지 살펴보십시오.
감정은 단지 스쳐 가는 느낌일 뿐,
삶의 옳고 그름을 재는 척도가 아닙니다.
감정은 잠시 스쳐 가는 바람과 같습니다.
고요히 앉아 자신을 바라보십시오.
호흡이 힘들고 고르지 못하면
108배를 하십시오.
부정적인 생각을 밀어내고
감사한 마음으로 하십시오.
지금 내가 해야 할 일은 평온과 감사,
그리고 즐거움을 느끼는 것입니다.

인연의 고리

세상의 인연은
언제 어디서 연결될지 모릅니다.
한 번 맺어진 인연의 고리는
우연한 순간에 다가옵니다.
좋은 인연은 결국 좋은 추억으로 이어집니다.
30여 년 전, 인도 성지순례길에서
은사스님께 된장국을 대접하신 분을,
군복무 시절의 후임자를
불일암에서 우연히 만났습니다.
인연의 고리는 이렇게 연결됩니다.
그러니 삶을 소홀히 살지 말고
잘 살아야 합니다.
어떻게, 어디서 다시 마주칠지
알 수 없으니까요.

마음은 본래 경계가 없지만
스스로 벽을 쌓으면
만리장성보다도 높고 멀어집니다.

안거

빗소리가 촉촉하게 들려옵니다.
둘레를 살펴보니 짙어가는 녹음 사이로
후박꽃 향기가 은은하게 퍼집니다.
죽비 한 번 울리면 입선入禪하고
죽비 두 번 울리면 방선放禪입니다.
삶과 기도도 이렇게 익어갑니다.
텅 빈 충만 속에서
내 가슴은
더욱 따뜻해지고
더욱 친절해지며
안거를 채워갈 것입니다.

하나

마음이 멀어지면 몸도 함께 멀어집니다.
마음은 본래 경계가 없지만
스스로 벽을 쌓으면
만리장성보다도 높고 멀어집니다.
우리는 마음으로 세상을 만듭니다.
마음으로 살며, 마음으로 떠납니다.
마음 하나 살피지 못하면
가장 불쌍한 사람이 되고
마음을 잘 지키면
천하를 다 가지고도 남음이 있습니다.
그 마음은 하나이니 둘로 나누지 마십시오.
그 마음이 바로 내 마음이 됩니다.

업장

시간은 쉬지 않고 흐르고,
생각 또한 멈추지 않고
일어났다 사라집니다.
생각은 자신의 습관이자 가치관입니다.
이것을 바꾸는 일은 쉽지 않습니다.
습관이 업業이 되고,
업이 쌓여 업장이 됩니다.
새로운 삶을 열고 싶다면
업장을 바꿔야 합니다.
흔히들 천성은 바뀌지 않는다고 합니다.
하지만 세상에 변하지 않는 것은 없습니다.
다만 그 속도가 더딜 뿐입니다.
업장을 바꾸는 데는 오랜 시간이 걸립니다.
그것이 천성의 속성입니다.
상대가 나와 맞지 않을 때는
'업이 다르구나' 하고 받아들이십시오.
서로 다르다는 것을 아는 것이
지혜입니다.

도반

사제 스님들이 불일암에 와서
하루 묵고 갔습니다.
차 한잔을 나누며
옛이야기를 나눴습니다.
나이든 사람은 추억을 이야기하고
젊은 사람은 미래를 이야기합니다.
그래서 그 사람이 추억을 먹고사는지
아니면 미래를 먹고사는지로
그 사람의 모습을 알 수 있습니다.
불일암의 추억!
불편하지만 정겹게 살아온 곳!
기울어져 가는 하사당과
추운 겨울을 걱정합니다.
만나면 반갑고 마음을 나눌 수 있으니
그들은 가족이며 식구이고, 도반입니다.

자기 관리

자기 자신을 돌보십시오.
최고의 자기 관리는 건강관리이고
건강관리는 자신의 습관에서 비롯됩니다.
무엇을 먹느냐에 따라
몸이 달라지고
무엇을 생각하느냐에 따라
마음이 달라집니다.
적게 먹고 올바른 습관을 키워야 합니다.
욕심과 분노, 어리석음은
모든 병의 씨앗입니다.
현대인의 병은 자기 관리 결함병입니다.
마음을 다스리고 습관을 점검하십시오.
자기 관리는 단순한 몸의 관리가 아니라
나의 영혼을 아름답게 하는 일입니다.

축원

각각등보체各各等保體!
우리는 둘이 하나가 될 수 없는
영원한 각각입니다.
서로 비슷하여 하나라고 착각하며
살아가는 객체입니다.

각각등보체!
법당에서 스님이 축원합니다.
이 세상에는 많은 부처님이 계시지만,
똑같은 부처님은 없습니다.

각각등보체!
나는 네가 될 수 없고,
너는 내가 될 수 없습니다.
이 세상 그 누구도 대신할 수 없습니다.
내 삶은 내가 살고, 내가 걸어가야 합니다.
자신을 한번 돌아보십시오.
나는 어디로 향하고 있는가?
나는 어떻게 살아가고 있는가?
나는 과연 행복하게 살아가고 있는가?

부부

사람에게 집착하지 마십시오.
내가 좋아서 하는 일일지라도
상대에게는 집착이자
스토킹이 될 수 있습니다.
내 삶을 상대방에게 호소하지 마십시오.
한두 번은 들어줄 수 있어도
반복되면 귀를 닫게 됩니다.
아무리 가까운 부부 사이라도
기본적인 예의는 필요합니다.
좋은 부부는 서로를 마주 보며
허물을 찾는 것이 아니라
곁에서 나란히 걸어가는
동반자가 되는 것입니다.
집착은 결국 병이 됩니다.
사랑은 집착이 아니라
배려와 자유로움 속에
머무는 것입니다.

도전

세상은 끊임없이 격변하고 있습니다.
삶에 정답도 없지만 오답도 없습니다.
날마다 새로움을 맞이하며
우리는 그 새로움에
도전하며 살아야 합니다.
무엇이 나와 맞는지는
오직 내가 판단할 일.
힘들어도 즐거움이 된다면,
그것이 곧 나의 길입니다.
진정으로 하고 싶은 일을 찾으세요.
당신의 인생을 환하게 꽃피우세요.

초심

시작할 때 그 마음으로
모든 일을 할 수 있다면
우리 삶은 얼마나 맑고 향기로울까요?
첫 마음은 초발심初發心이고 하심下心이며
겸손의 마음입니다.
나의 가장 진실된 모습입니다.
모든 시작에는
순수한 마음이 깃들어 있습니다.
그러나 시간이 지날수록
그 마음은 흐려지고
교만驕慢과 아만我慢을 채우기 쉽습니다.
그럴 때마다 잠시 멈춰 서서
자신을 되돌아보아야 합니다.
내면의 소리를 들어야 하고
처음 가졌던 그 마음을
다시 일으켜야 합니다.

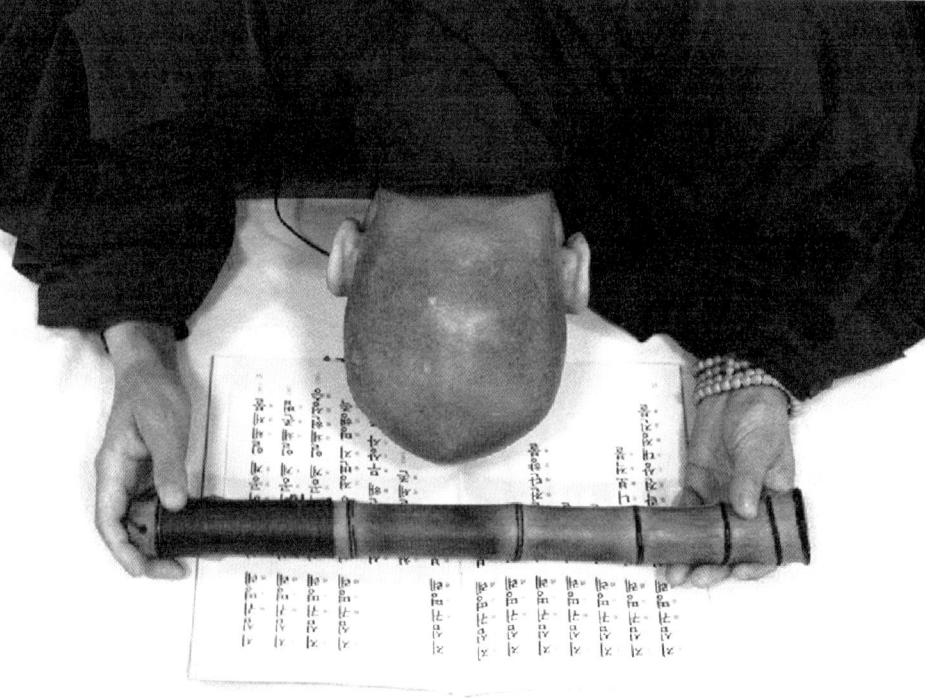

시작할 때 그 마음으로
모든 일을 할 수 있다면
우리 삶은 얼마나 맑고 향기로울까요?

비움

버리고 떠나는 연습을 자주 해야 합니다.
비우고 버림은 집착을 여의는 길입니다.
버리고 떠나는 데는 큰 용기가 필요합니다.
관계에서 벗어나는 것은
곧 나답게 사는 일입니다.
오랜 관습에서, 보이지 않는 울타리에서
낡은 생각에서 벗어나야만
비로소 새롭게 시작할 수 있습니다.
그래서 여행이 좋습니다.
여행은 새로움의 시작입니다.
날마다 새롭게 시작하십시오.
나쁜 습관에서 벗어나
내 인생에 새 숨결을
한껏 불어넣으십시오.

한 생각

좋은 마음을 내면 좋은 인연을 만납니다.
부지런히 노력하는 사람에게는
언제나 희망이 있습니다.
반면 게으르고 움직이지 않으면
미래는 점점 어두워집니다.
삶은 내가 스스로 걷고 도전하며
개척해야 할 길입니다.
하늘의 끝은 없다고 하지만
우리는 또 다른 세계를 탐험하며
나를 찾아갑니다.
한 생각이 이 세상을 만들고
저 세상을 구합니다.

안내자   여행에는 두 가지 조건이
갖춰지면 좋습니다.
하나는
가기 전 미리 공부하는 것입니다.
아는 만큼 깊이 보고
느낄 수 있기 때문입니다.
다른 하나는
좋은 안내자를 만나는 것입니다.
안내자가 누구냐에 따라
여행의 즐거움은 완전히 달라집니다.
인생도 마찬가지입니다.
덕德 있는 사람을 만나면
생의 의미가 한층 깊어집니다.
삶은 한 편의 여행입니다.

성공의 반대

하고 싶은 일이 있다면
주저하지 말고
도전하십시오.
도전은 때로 두렵고
결과를 알 수 없어 불안하지만
잃는 것보다 얻는 것이 더 많습니다.
성공의 반대는 실패가 아닙니다.
성공의 진짜 반대는
도전하지 않는 것입니다.

꿈

잔잔한 호수 위에 비가 내립니다.
그 호수엔 꿈이 자라고 있습니다.
새는 하늘을 나는 꿈을 꾸고
인간은 만상萬想의 꿈을 꿉니다.
비록 이루어지지 않는다 해도
꿈은 그 자체로 아름답습니다.
우리는 날마다 꿈을 꿉니다.
잠 속의 꿈이 아닌 살아 있는 꿈.
그래야 그 꿈을 하나씩 이룰 수 있습니다.
오늘은 무엇을 하시겠습니까?
아름답고 즐거운 꿈을 꾸십시오.
생각의 길로, 마음의 길로
꿈의 길로 걸어가십시오.
꿈이 없는 삶은
조금씩 시들기 마련입니다.

바람처럼

"이따금 어디론가 훌쩍
증발해버리고 싶은 그런 때가 있다."
은사스님의 글을 읽으며
그 마음이 깊이 공감되어
고개가 끄덕여집니다.
우리 역시 가끔은 일상의 틀에서 벗어나
바람처럼 훨훨 떠나고 싶을 때가 있습니다.
공동체 생활을 하다 보면
더 벗어나고 싶을 때가 있습니다.
우리는 배려 속에 편안함을 느낍니다.
그런데 나이를 먹을수록 배려심이 부족해지고
고집만 늘어나면 소통의 문은 닫히고 맙니다.
모든 것은 영원하지 않습니다.
삶은 무상합니다.
힘이 들 때는 주저하지 말고
어디론가 훌쩍 다녀오십시오.

삶

무엇을 위해 사십니까?
삶은 지금 여기에 있고
우리는 영원히 살지 못하는데
마치 영원히 살 것처럼
죽을힘을 다해 살아갑니다.
살기 위해 태어났고
죽음이 오면 이생과 이별할 뿐.
한 생각을 내려놓고 좌정坐定하면
찾아오는 것은 바람과 구름
마주하는 것은 오직 부처님입니다.
삶은 결국 지금을 온전히 사는 일입니다.

지금
이 순간

고요히 앉아서 앞산을 바라봅니다.
문득 나는 누구인가, 묻습니다.
내일이 올지, 다음 생이 먼저 올지
우리는 알 수 없습니다.
생겨난 모든 것은 반드시 소멸합니다.
모든 것은 덧없습니다.
죽음이 멀리 있는 것 같지만
생과 사는 한 호흡에 달려 있습니다.
숨 쉬다가 숨 멈추면 그것이 죽음입니다.
인생은 무상합니다.
덧없음을 깨닫는 순간
살아 있는 지금 이 순간이
가장 소중한 것입니다.

**삶의
목적**

하루는 한 불자님 아들이
결혼할 배우자를 데리고 인사를 왔습니다.
하루는 한 보살님의 남편이 돌아가셨다는
연락을 받았습니다.
하루는 나이 지긋한 보살님이
이혼을 준비하고 있다고 했습니다.
결혼이란 무엇일까요?
하루는 행복하게 잘 살라고 축하하고
하루는 극락왕생을 기도하고
하루는 뜻대로 사시라고 응원했습니다.
삶의 목적은 행복, 곧 열반입니다.
가는 길이 힘들면 돌아갈 수도 있고
다른 길을 선택할 수도 있습니다.
지금 선택한 일이 아니다 싶으면
다시 시작하면 됩니다.
삶은 언제나 선택입니다.

안개

안개가 자욱합니다.
안개 속에서 자연은
희미한 실루엣으로
모습을 드러냅니다.
안개는 영원하지 않습니다.
잠시 나타났다가 서서히 사라집니다.
우리 삶도 안개 속과 같습니다.
행복도 불행도
잠시 머물다
지나갈 뿐입니다.

여유

아는 것이 많으면 불만이 쌓이고
무지하면 불안 속에 살아갑니다.
우리는 작은 불행에도
현미경으로 들여다보며
고통스러워합니다.
아침에 일어나
차 한잔으로 여유를 가져보세요.
순간순간을 즐기지 못하면
삶의 여유는 찾아오지 않습니다.
여유 속에서 행복은
자연스럽게 찾아옵니다.

행복도 불행도 잠시 머물다

지나가는 것일 뿐입니다.

적당히

우리는 언제부터
불행해지기 시작했을까요?
'내 것'이라는 소유 의식이 생기면서
비롯되었다고 합니다.
무언가를 소유하게 되면
만족보다 타인을 경계하는 마음이
먼저 일어납니다.
그때부터 타인을 경쟁자나
침입자로 여기게 됩니다.
명예든 물건이든 가진 만큼
마음이 얽매이고 불안에 사로잡힙니다.
소유하는 듯하지만
사실은 소유를 당하는 셈입니다.
만약 소유욕이 사라지면
마음속 경계의 울타리도
저절로 허물어질 것입니다.
그래서 '적당히'가 중요합니다.
너무 많은 짐은
스스로를 짓누를 뿐이니까요.

**분별의
괴로움**

모든 괴로움은
좋고 싫음을 가르는 분별에서 옵니다.
좋고 싫음이 사라지면
마음은 고요한 평화에 머뭅니다.
사랑하지도 말고 미워하지도 말고
그저 돌처럼 무감각하게
살라는 말이 아닙니다.
사랑하되 집착이 없어야 하고
미워하되 오래 머물러선 안 됩니다.
사랑이든 미움이든
그 자리에 마음을 붙들어두면
분별의 괴로움은 시작됩니다.
사랑이 오면 사랑을 하고
미움이 오면 미워하되 머무는 바 없이
인연 따라 마음을 일으키고
인연 따라 받아들여야 합니다.
하지만 집착만은 놓아야 합니다.

남 탓

남의 탓이라고 여기는 순간
원망하는 마음이 생깁니다.
모든 것이 나로부터 비롯된 일임을 알면
고통이 덜할 것입니다.
세상에 이유 없이 일어나는 일은 없습니다.
우리는 모두 인연 속에 살고 있습니다.
좋은 인연은 더 깊은 향기로 만들어가고
악연도 선연으로 바꿔가야 합니다.
그렇게 할 때
우리의 삶은 원망이 아닌
평화로운 관계 속에서 살아갈 수 있습니다.
인연을 탓하지 마십시오.
인연을 빛내십시오.

무지

작은 번뇌 하나가 큰 번뇌를 만듭니다.
사소한 생각의 차이에서 생긴
갈등은 쉽게 풀리지 않습니다.
설득할 것인가, 그냥 인정할 것인가
아니면 등을 돌릴 것인가.
사실은 한 생각을 돌리면 될 일인데
자존심과 무지無知로 인해
어둠의 터널 속에서 힘들어합니다.
옳고 그름은 손등과 손바닥과도 같습니다.
손은 양면이 있어야 존재합니다.
그런데 손바닥은 자기가 '제일'이라고 합니다.
자신이 '제일'이라고 고집하는 마음,
그것이야말로 어리석은 바보의 모습입니다.

니르바나	생각을 내려놓으십시오.
한 생각이 번뇌입니다.
한 생각이 극락을 만들기도 하고
한 생각이 지옥을 만들기도 합니다.
요즘 세상은 온통 정치적이라 하지요.
끝없는 시비와 갈등으로
마음에도 안개가 낍니다.
그래서 번뇌의 세상이라 합니다.
번뇌를 벗어나면 고요이자 열반입니다.
한 생각을 일으키지 않는 것이
마음의 평화입니다.
놓아버리십시오.
지금 일어나는 망상,
붙들 필요도 쫓을 이유도 없습니다.

제2장

言
언

영혼에는 나이가 없다고 합니다.
영혼에는 잠이 없다고 합니다.

내가 잠들면
나의 영혼은 어디에 있을까요?

**마음의
소리**

마음의 소리를 들어보십시오.
인생을 살아가며 가장 소중한 것이 있다면
다름 아닌 마음의 평화입니다.
마음이 평화롭다면
고통도 괴로움도 없을 것입니다.
우리는 흔히 삶의 고통을
외부에서 찾으려 하지만
사실 그 원인은 우리 마음 안에 있습니다.
마음!
마음!
알 수 없는 나의 마음,
내 마음의 소리를 들어보십시오.
귀로 듣지 말고
마음으로 들으면 들릴 것입니다.

흔적

집착에서 고苦가 일어납니다.
이미 지나가버린 과거에 매달리지 마십시오.
아직 오지 않은 미래를 가불해서
번뇌를 만들지도 마십시오.
오직 지금, 현재라는
이 순간에 깨어 있으십시오.
허공을 쓸고 가는 바람은
아무 흔적도 남기지 않습니다.
대빗자루로 허공을 쓸어도 흔적은 없습니다.
존재하지 않는 일로 마음 아파하지 마십시오.
모든 것은 변하고 영원한 것은 없으니
집착하지 말고 있는 그대로
바라보기만 하십시오.

순서

사랑에도 순서가 있습니다.
'사랑받기'보다
'사랑하기'가 먼저입니다.
진정한 사랑은 조건이 없습니다.
목적도 없고, 대가도 바라지 않습니다.
그저 마음 깊이
진심으로 사랑하는 것입니다.
사랑하면 모든 것이 바뀝니다.
미움조차 사랑으로 바뀝니다.
우리는 사랑받기 위해
태어난 것이 아니라
사랑하기 위해
태어난 존재입니다.

염화미소

누군가를 사랑하기 시작하면
시간은 멈춥니다.
서로 사랑하는 사람 앞에서
시간은 정지합니다.
사랑하는 이들의 사이엔
많은 말이 필요 없습니다.
말이 없어도 지루하지 않습니다.
오히려 침묵이 더 깊은 대화가 됩니다.
무수한 말들이
그 침묵 속에 가득 담겨 있고
눈빛 하나, 미소 하나에
모든 것이 마음으로 전해지기 때문입니다.
침묵을 통하지 않는 말은
메아리가 없습니다.
선의 세계 또한 말로 표현되는 것이 아닙니다.
마음에서 마음으로 전해지는
염화미소拈花微笑입니다.

친절

살다 보면 마주하기 싫은 사람이 있습니다.
울리는 전화에 발신자를 확인하고는
차마 손이 가지 않는 이가 있습니다.
스쳐 지나가며 눈길조차
나누고 싶지 않은 이도 있습니다.
만약 내가 누군가에게 그런 사람이라면
그 삶은 얼마나 쓸쓸하고 불행할까요.
그렇지 않은 사람이 되는 방법은 간단합니다.
내가 그들의 입장에 섰을 때
대접받고 싶은 대로 먼저 대하는 것입니다.
사람이 가질 수 있는 가장 큰 덕은
친절입니다.
모든 사람을 사랑할 수는 없지만
모든 사람에게 친절할 수는 있습니다.

관계

인간관계는 복잡하고 어렵습니다.
관계에서 가장 중요한 것은
상대방을 알고 이해하는 일입니다.
이해하지 못하면 오해가 생기지만
이해하면 마음으로 사랑하게 됩니다.
머리로 아는 것은 쉽습니다.
그러나 가슴으로 이해하고
마음으로 사랑하기까지는
오랜 시간의 인내와
기다림이 필요합니다.

자비

자비慈悲를 배우고 익히지 못하면
나눔의 기쁨을 알 수 없습니다.
자비를 모르는 사람은
주는 행복이 무엇인지 깨닫지 못합니다.
머뭇거림 없이
선뜻 내 것을 내어줄 때
우리는 타인에 대한 사랑을 확인합니다.
자비는 너와 나 사이에
경계가 없는 마음입니다.

자애와 연민

자비慈悲는 괴로움을 없애고
기쁨을 더하는 사랑입니다.
'자慈'는 사랑의 마음으로,
중생에게 즐거움을 주는 것으로
다정하고 진실한 우정의 마음입니다.
'비悲'는 불쌍히 여기는 마음으로,
고통을 대신 짊어지려는 연민을 말합니다.
함께 슬퍼하고 공감하며
고통 속에서 동행하는 마음입니다.
자비는 지혜를 바탕으로 인간뿐만 아니라
모든 생명체와 무생물에 이르기까지
차별 없이 베푸는 것입니다.
스스로에게 물어보십시오.
나는 자비로운가?
내 마음에 사랑이 깃들어 있는가?

스스로에게 물어보십시오.

나는 자비로운가?

내 마음에

사랑이 깃들어 있는가?

무아

세상은 자기중심적입니다.
'내가 있고 네가 있다'는
분별 속에서 살아갑니다.
그러나 세상은 무아無我입니다.
내가 없으면 불평도 미움도 없습니다.
내가 있으니, 내 잣대로 세상을 재고
그 잣대가 맞지 않으면
불만과 갈등이 생깁니다.
세상일은 내 뜻대로 흘러가지 않습니다.
고집을 부릴수록
마음의 거리는 더 멀어집니다.
그래서 마음을 비우라 하는 것입니다.
비움이란 내 기준을 내려놓고
상대방의 눈으로 세상을 바라보는 일입니다.
미움과 갈등, 욕심의 각막을
벗겨내야 합니다.

이곳과 저곳

너는 왜 내가 아니고 너일까?
나는 여기에 있고
당신은 저기에 있습니다.
이곳과 저곳은 둘이 아닌 하나입니다.
손바닥과 손등이 하나의 손인 것처럼
이 마음과 저 마음,
너와 나 또한 이름만 다를 뿐
모두 하나입니다.
바라보는 곳은 달라도
흐르는 바람은 같고
서 있는 자리는 달라도
우리를 비추는 햇살은 하나입니다.

신앙

조금만 불편해도 불평을 쏟아내고
남을 헤아리지 못하는 옹색한 마음.
우리는 그런 마음으로
신앙생활을 합니다.
우선 작은 마음부터 배워야 합니다.
"미안합니다."
"감사합니다."
"사랑합니다."
이 세 마디의 마음이 삶을 부드럽게 하고
세상과 나를 이어줍니다.
혼자가 아니라 더불어 살아가기 위해
남을 이해하고 배려하는 마음이 필요합니다.
이것이 신앙의 첫 번째 마음입니다.

욕심

본래 마음은 하나입니다.
그런데 마음 밖에 헤아릴 수 없는
수많은 마음이 있습니다.
그중에 내 마음속에 존재하는
세 가지 나쁜 마음이 있습니다.
욕심과 의심 그리고 변심입니다.
끝없이 채우려는 탐욕,
믿음을 무너뜨리는 의심,
쉽게 변해버리는 마음.
모두 욕심에서 비롯된 그림자들입니다.
우리 마음은 본래 맑고 청정하지만
욕심 하나로 청정한 마음은 사라지고
지옥문이 열립니다.
욕심을 버리면 마음은 다시
하나로 모아집니다.
욕심은 어디서 오는가.
그 욕심을 어디에 쓸 것인가.
잘 쓰면 보배가 되고, 잘못 쓰면 화가 됩니다.
욕심을 잘 다스려야
본래 하나 된 마음으로 돌아갑니다.

무주상 보시

오른손이 왼손을 씻어줍니다.
왼손도 오른손을 씻어줍니다.
얼굴을 씻어주고
몸을 정성껏 씻어주면서도
그 어떤 대가도 바라지 않습니다.
손은 날마다 온갖 궂은일을 묵묵히 감당하지만
한마디 불평조차 없습니다.
때로 오른손이 왼손을 다치게 하더라도
사과하지 않고, 원망하지도 않습니다.
그저 손이 몸을 사랑하기 때문에
그렇게 할 뿐입니다.
이것이 무주상보시無住相布施입니다.
머무름 없는 나눔,
조건 없는 사랑의 길입니다.

미소

화사한 미소는 마음에서 피어납니다.
마음이 고운 사람은
자신의 아픔조차 이겨내며
타인의 마음을 헤아려
그 빈자리를 기쁨으로 채워줍니다.
그래서 사랑은 배려입니다.
그저 바라보기만 해도
가슴이 따뜻해지는 사랑.
지금 우리에게 필요한 것은
바로 그런 사랑입니다.
그리고 당신이
그 사랑을 전하는 사람입니다.

믿음

신은 존재하는가?
믿는 사람에게 신은 존재하고
믿지 않는 이에게 신은 존재하지 않습니다.
믿음은 믿지 않으면 거짓이 되고
믿으면 곧 진실이 됩니다.
그러니 형이상학적인 질문은
끝없는 논쟁이 될 뿐입니다.
그 답은 책 속에 있는 것도 아니고
누군가 대신 내려줄 수도 없습니다.
자신의 마음 안에서
스스로 찾아야 할 몫입니다.

여행

내 삶에 만족하지 못한다면
인도로 떠나보십시오.
죽음이 무엇인가 알고 싶다면
갠지스 강가의 화장터에 서보십시오.
연기 속에 스러져가는 주검을 마주할 때
삶이 무엇인지 새삼 깨닫게 됩니다.
진정한 여행은
많은 곳을 둘러보는 데 있지 않습니다.
잠시 머물며 그곳의 숨결,
사람들의 삶을 느껴보는 데 있습니다.
여행을 떠나십시오.
여행은 단순한 이동이 아닙니다.
여행은 삶을 배우는 현장이며
나를 다시 비추어주는 거울입니다.

더러움과 깨끗함

더럽다, 깨끗하다.
그 기준은 어디에 있을까요?
스스로에게 묻습니다.
갠지스강 한가운데로 나아갔습니다.
우리 한강 물과 다르지 않았습니다.
사람들은 갠지스강이 더럽다고 말합니다.
그곳에서 화장이 이루어지기에
오염되었다고 합니다.
그러나 갠지스 강물은 고여 있지 않습니다.
끊임없이 흐르고, 쉼 없이 생명을 품습니다.
흐르는 물은 썩지 않습니다.
고정관념은 고인 물과 같습니다.
멈춰 있으면 편견으로 썩어갑니다.
흐르는 마음은 더럽지도 깨끗하지도 않습니다.
그저 흘러가는 강물일 뿐입니다.
불구부정不垢不淨.
더러움과 깨끗함을 가르는 기준은
어쩌면 마음속에 멈춰 있는
시선의 그림자일지도 모릅니다.

세상일은 내 뜻대로 흘러가지 않습니다.
고집을 부릴수록 마음의 거리는 더 멀어집니다.

그래서 마음을 비우라 하는 것입니다.

꽃 공양

부처님의 나라, 인도—
부처님께서 성도하신 보드가야에서
불자들이 공양하는 모습을 봅니다.
세계 각지에서 모여든 이들이
다양한 모습으로 정성스레 공양을 올립니다.
그중에서도 꽃 공양이 가장 많습니다.
새벽부터 스님과 불자들이
두 손 모아 꽃을 올립니다.
꽃을 올리고 나면, 곧 다른 이들이 와서
그 꽃을 거두고 새로운 꽃을 올립니다.
이어서 또 다른 이들이 다가와
그 꽃을 거두고 다시 새로운 꽃을 올립니다.
이 끝없는 이어짐 속에서
누구도 다투지 않고, 불평도 없습니다.
아무리 아름다운 꽃일지라도
공양을 올리는 것으로 끝납니다.
집착 없는 마음이란 무엇인지
그들은 우리에게 말없이 가르쳐줍니다.

타지마할

무굴제국 황제 샤자한은 아내를 사랑하여
나라가 기울 정도의 국력을 쏟아부어
세상에서 가장 화려한 무덤,
타지마할Tāj Mahal을 세웠습니다.
그러나 정작 그는 아들에 의해 감옥에 갇혀
그 무덤을 바라보며 생을 마감했습니다.
그 무덤은 유네스코 세계문화유산이자
세계 7대 불가사의로 남아
오늘날 수많은 이가 찾는 성지가 되었습니다.
사랑의 힘으로 한 시대는 무너졌지만
또 사랑의 힘으로 오늘 인도는
새로운 생명력을 이어가고 있습니다.
마음을 어떻게 쓸 것인가?
사랑의 마음이 가득하면
세상은 평화로워지고
미워하는 마음이 가득하면
세상은 싸움과 파괴로 물듭니다.
타지마할 앞에 서니
그 돌벽을 뚫고 나오는 사랑의 메아리가
세월을 넘어 제 가슴에도 울려 퍼집니다.

신심

하늘과 맞닿은 나라, 티베트를 다녀왔습니다.
한 걸음 한 걸음 내딛을 때마다
마치 100미터 달리기를 하듯 숨이 차올랐지만
티베트는 눈으로, 마음으로
깊은 울림을 전해주는 곳이었습니다.
나라를 잃었으나 불심은 잃지 않았습니다.
순례자의 몸짓마다
붓다의 말씀이 살아 흐르고 있었습니다.
전신투지하는 순례자의 모습 앞에서
문득 스스로를 돌아보았습니다.
우리는 얼마나 많은 핑계를 대며
살아가고 있는가.
핑계란 결국 신심이 부족한 변명입니다.
믿음이 장대하면 걸림이 없습니다.
그러나 신심이 부족하면 걸림이 생깁니다.
티베트 순례길은
믿음이 무엇인지, 신심은 어디서 오는지
담담히 일깨워주었습니다.

소통

경이이청傾耳而聽.

귀를 기울여 정성스럽게 듣는다는 뜻입니다.

소통은 경청에서 시작됩니다.

아이들에게는 바른 길잡이가 되어주고

청소년에게는 기다림이 필요하고

어른에게는 존중이 더해져야 합니다.

그러나 남의 말은 듣지 않고

자기 말만 하는 어른들이 많습니다.

그래서 젊은 세대는

어른들과 소통하는 것을 어려워합니다.

존중받고 싶다면, 먼저 경청해야 합니다.

상대의 말을 기다려주고

귀 기울여 들을 때

닫혀 있던 마음이 열리고

진정한 소통이 이루어집니다.

나

항상 문제는 '나'에게서 시작됩니다.
관계에 있어서 '나'만 지우면
사실 큰 문제는 없습니다.
세상에서 '나'는 홀로 존귀한 존재입니다.
'나'가 있기에 세상이 있고
'나'가 사라지면 세상도 함께 사라집니다.
'나'는 언제나 세상의 중심에 서 있습니다.
그 중심을 잘 잡아야
나도 편안하고 너도 좋습니다.
한쪽으로 기울어지는 순간
중심은 흔들리고 불안해집니다.
그래서 '중도中道'가 무엇보다 중요합니다.
'나'가 있으되
홀로만 있는 '나'가 아니라
함께하는 '나'가 되어야 합니다.
그래서 '무아無我'가 되어야 합니다.

대화

대화를 통해
서로 이해하고 소통합니다.
말은 소통을 이어주는 다리입니다.
말이 없으면 그 사람의 마음을
읽을 수 없습니다.
그러나 말이 많으면 가볍다고 표현합니다.
가볍다는 것은 쓸데없는 말이
그만큼 많다는 뜻이지요.
말을 줄이고 침묵해보십시오.
당신의 인격은 침묵의 무게만큼 위대해지고
그 무게만큼 빛을 더할 것입니다.

돈오
돈수

진짜로 알고 있는 것과
가짜로 아는 것은 다릅니다.
진짜로 알게 되면
반드시 실천하게 되어 있습니다.
예를 들어 난로가 뜨겁다는 것을 안다면
결코 손으로 만지지 않을 것입니다.
데일 것을 알기 때문입니다.
제대로 안다는 것은
앎과 삶이 함께 간다는 뜻입니다.
이를 두고 '돈오돈수頓悟頓修'라 합니다.
돈오가 참된 앎이라면
그 앎 자체로 이미 완전합니다.
다른 닦음이 필요 없는 것입니다.

고민

고민을 너무 오래 붙들고 있지 마십시오.
세상의 고민에는
내가 해결할 수 있는 것과
해결할 수 없는 것이 있습니다.
해결할 수 없는 고민이라면
그저 인연법에 맡기고 흘려보내십시오.
해결할 수 있는 고민이라면
문제의 핵심을 분명히 보고
그대로 실행하면 됩니다.
10분 이상 고민하지 마십시오.
생각이 길어질수록
마음도 무거워질 뿐입니다.
비우면, 비로소 편안해집니다.

무상

세상의 삶은 참으로 다양합니다.
같은 상황 속에서도
사람마다 각각 다른 사고로 접근합니다.
모든 일을 흑백논리로 재단하지 마십시오.
정답은 하나가 아닙니다.
긍정의 눈으로 세상을 바라보고
부정적인 생각에서 벗어날 수 있어야 합니다.
생각도 습관입니다.
그 습관이 나를 만들고, 나의 인격이 됩니다.
세상에서 영원히 변하지 않는
단 하나의 법칙이 있다면
세상은 끊임없이 변한다는 사실입니다.
나를 바꾸는 시작은
세상을 새롭게 바라보는 일입니다.

침묵

선禪은 침묵의 세계입니다.
사람의 말은 침묵에서 나왔다가
다시 침묵으로 돌아갑니다.
우리 내면 깊숙한 곳에는 침묵이 있습니다.
그 침묵은 한 사람의 생애를 넘어 존재합니다.
사람이 죽는다고 해서
침묵이 사라지는 것이 아닙니다.
그 사람이 태어나기 이전에도 침묵이 있었고
그가 떠난 뒤에도 침묵은 계속됩니다.
죽음이란, 어딘가로 돌아가는 일입니다.
어디로 돌아가는가?
바로 적멸寂滅!
영원한 침묵의 세계로 돌아가는 것입니다.
자기 속에 깃든 침묵
그 침묵을 포착할 수 있는 사람은
시간을 초월한 존재가 됩니다.

**수행자의
일상**

따스한 가을 햇살 아래
하루는 빨래를 하고
하루는 풀빨래를 하고
또 하루는 다림질을 했습니다.
날씨 좋은 날은 빨래하기 좋은 날입니다.
마음의 빨래도 날마다 해야 합니다.
묵은 때를 벗겨내는 마음의 손길,
산골에서 손빨래하는 일 또한
수행자의 일상입니다.
모든 일에는 즐거움이 따라야 합니다.
마음을 씻는 일
육신을 감싸는 옷가지를 씻는 일
모두 청정하기 위함입니다.
빨래는 몸과 마음을 함께 씻는 일입니다.
오늘도 빨래하며 마음을 씻고
맑은 기운으로 채웁니다.

쓸어도 다시 쌓이는 낙엽처럼 번뇌도 다시 일어납니다.
이 끝없음을 견디고 바라보며 다시 빗자루를 드는 것,

그것이 수행입니다.

인내

낙숫물이 돌을 뚫는다는 말이 있습니다.
한 가지 일을 꾸준히 하면
반드시 좋은 결과가 있다는 뜻입니다.
하지만 우리는 인내심이 부족합니다.
빨리 끝내려 하고 쉽게 시들해집니다.
마치 인스턴트처럼 빠름에 익숙한
삶을 살아가는 것이지요.
삶과 수행은 결코
금방 이루어지는 것이 아닙니다.
삶의 자리가 곧 수행의 자리입니다.
'1만 시간의 법칙'처럼
어떤 일이든 1만 시간의 노력을 기울이면
누구나 전문가가 될 수 있다고 합니다.
그러니 조급해하지 마십시오.
끊임없이, 꾸준히 하십시오.
시간이 빚어내는 인내 속에서
삶은 수행으로 서서히 무르익습니다.

정진

정진精進이란
한결같이 꾸준히 나아감을 말합니다.
하늘이 맑게 갠 날도 있고 흐린 날도 있듯
정진 또한 그러합니다.
잘되면 잘되는 대로
잘 안 되면 안 되는 대로
중단하지 않고 꾸준히 이어가다보면
마음의 분별이 사라지는 때가 올 것입니다.
인욕과 정진을 따로 보지 마십시오.
참는 것이 곧 정진이며 정진이 곧 인욕입니다.
사람들이 불행한 이유는 단 한 가지입니다.
자기 자신이 이미 행복하다는 사실을
잊고 살아가기 때문입니다.
순간순간 들숨 날숨의 호흡까지도
정진이라 여기며 걸어보십시오.
그 길 위에서 조금씩
자신의 행복을 만들 수 있습니다.

공양

아침 여섯 시.
아직 어둠이 가시지 않은 시간에
공양을 합니다.
공양을 마치고 어둠이 물러나면
곧바로 도량 청소를 시작합니다.
후박나무 잎이 다 지고 나니
이제는 굴참나무 잎사귀가
떨어지기 시작합니다.
겨울눈이 내릴 때까지
낙엽 청소를 해야 합니다.
이 또한 수행입니다.
예전에 한 청소부가 했던 말이 떠오릅니다.
"차라리 나무를 다 베어버리고 싶다."
그러나 나무가 사라지면
새들도 떠나고, 자연은 죽고 말 것입니다.
자연은 내가 사랑하면
헤아릴 수 없는 은혜로 보답해줍니다.
출가자의 삶은 그렇습니다.
모든 일상이 수행이고
모든 순간이 도道로 이어집니다.

공부

공부하는 것은 참 좋습니다.
배움도 좋지만 남을 가르치는 일은
나를 더 깊이 공부하게 합니다.
출가 수행자에게
'재출가再出家'라는 말이 있습니다.
환속했다가 다시 출가한다는 뜻이 아닙니다.
다시 발심發心하여 새롭게 출가하는 마음으로
매일을 살아간다는 의미입니다.
수행자에게 "잘 살라"는 덕담을 건넵니다.
그 말은 세속에서 말하는
잘 먹고 편안히 살라는 뜻이 아닙니다.
청빈하게, 수행 정진 바르게 하라는
격려입니다.
그래서 참된 공부는 내 마음을 닦는 공부,
바로 마음공부입니다.

포살

음력 6월 보름, 포살布薩하는 날입니다.
보름마다 설법전에 대중이 모여
계를 잘 지키며 사는지 스스로 점검합니다.
"청정清淨하십니까?"
"청정하십니까?"
청정하지 못하기에 더 청정하게 살라고 묻습니다.
그래서 다시 청정하게 살겠다고 다짐합니다.
숙연히 무릎을 꿇고 한 시간 동안 이어집니다.
끝나고 나면 한결 개운해집니다.
하루 세끼 밥을 먹지만
제때 먹지 않으면 탈이 나듯
수행 또한 한결같이 이어져야
흐트러짐이 없습니다.
폭염 속에서도 장삼과 가사를 입고,
무릎을 꿇습니다.
반성과 성찰을 통해
조금씩 성숙해지고
조금씩 청정해집니다.

향기

아침 새소리가 참 좋습니다.
학인스님들 독경 소리 또한 좋습니다.
어떤 소리를 듣느냐에 따라 마음이 달라집니다.
우리의 여섯 감각은 소리를 좇아 움직이고
좋은 소리를 들으면 좋은 생각이
나쁜 소리를 들으면 나쁜 생각이 일어납니다.
그래서 무엇을 보고,
무엇을 듣느냐가 중요합니다.
보지 말아야 할 것은 멀리하고
좋고 이로운 것을 가까이하면
우리의 의식은 점점 더 맑아집니다.
내가 머무는 나의 공간,
나의 안식처가 향기로우면
나는 그 향기 속에서 삽니다.
아침이 맑고 향기로우면
하루가 행복할 것입니다.

도인

한가로운 도인閑道人은
배가 고프면 밥을 먹고
비가 오면 비를 구경하며
잠이 오면 그대로 잠을 잡니다.
마음이 바쁘지 않을 때는
좌복에 앉아 마음을 달래고,
산란한 마음을 다스리기 위해
절을 하기도 합니다.
그리고 이웃을 위해
감사의 기도를 잊지 않습니다.
우리도 이렇게 살 수 있으면 좋겠습니다.
어려운 일은 잘하면서도
쉬운 일은 정작 놓치기 쉽습니다.
한 번쯤 도인처럼 살아보십시오.
비가 오니 좋습니다.
바람이 부니 이 또한 좋습니다.

가족

가족은 하나의 작은 공동체입니다.
세 사람 이상 모여 살면
그 또한 공동체가 됩니다.
우리는 홀로 살아가는 듯 보이지만
공동체 속에 살고 있습니다.
출가 수행 공동체도 다르지 않습니다.
같은 목적으로 모였지만
지도자의 영향력은 지대합니다.
진정한 지도자의 덕목은
공감과 소통에 있습니다.
공감과 소통이 되면
화합은 절로 이뤄집니다.

괘불

화창한 초가을 날
송광사 마당에 야단법석野壇法席이 펼쳐졌습니다.
대형 괘불이 걸리니 그 장엄한 불보살의 모습이
법향으로 마당 가득 번져나갔습니다.
많은 분들이 오셔서
수희찬탄隨喜讚嘆하며 합장했습니다.
모든 것은 인연법因緣法에 따라 만나고
또 인연이 다하면 헤어집니다.
인연으로 기뻐하고 슬퍼하는 이 마음!
행복과 불행 또한 모두 인연법에 달려 있습니다.
좋은 인연을 만나면
당신을 행복하게 할 것이고
나쁜 인연을 만나면
당신을 시련에 들게 할 것입니다.
모든 만남과 헤어짐은
내가 짓고, 내가 만든
인연임을 잊지 마십시오.

해제

하안거 해제를 하니
보이지 않던 굴레에서 벗어난 듯
마음이 한결 가벼워집니다.
상좌들이 방학을 맞아 모두 모였습니다.
차 한잔을 나누며
안거 동안의 정진을 돌아보고
함께 운력을 하며 웃음을 나눕니다.
이렇게 함께하는 것이
가족이고 식구입니다.
함께하는 시간도 잠깐입니다.
그러하기에 이 시간이 더욱 소중합니다.
함께할 때가 좋을 때입니다.

홀로
사는
즐거움

홀로 사는 즐거움에는
무엇보다 자유가 있습니다.
명상과 수행의 궁극적인 목표 또한
바로 자유입니다.
그러나 진정한 자유를 얻기 위해서는
불편함을 감내하고 인내를 길러야 합니다.
함께 있으면 할 일을 나눌 수 있어 편하지만
마음을 온전히 나누기는 쉽지 않습니다.
홀로 살아갈 때 영혼은 맑게 깨어납니다.

얼굴

우리가 사는 사회는
우리가 만들어가는 것입니다.
조그마한 나라 안에서
우리말로 서로 소통하며
살아갑니다.
말은 소통의 도구이자
감정을 전달하는 매개체입니다.
그러나 말이 없어도 사람의 얼굴은
이미 많은 것을 말해줍니다.
얼굴은 그 사람의 삶이고,
마음이 담긴 것이기에
우리는 자신의 얼굴에
책임을 질 줄 알아야 합니다.
말이 없어도 가까이 가면
맑은 향기가 풍겨나는 사람.
나의 얼굴은 지금 무엇을 담고 있습니까?

공덕

혼자 하는 공양은 간단합니다.
채마밭에서 자라는
풋고추, 상추, 케일, 쑥갓이면
풍성한 밥상이 됩니다.
폭염 속에서 조리하는 일은 번거롭습니다.
얼마 전, 한 불자님이 가져다주신 콩국물로
벌써 나흘째 점심 공양을 이어갑니다.
상하기 전에 다 먹어야 하기에
오늘도 콩국물을 먹습니다.
"이 음식이 어디서 왔는가?"
식사대사食事大事, 먹는 일이 곧 수행입니다.
한 끼의 밥상에도
인연의 공덕이 고스란히 담겨 있습니다.

좌선

좌복 위에 앉으니
마음이 고요하고 평화롭습니다.
스쳐 가는 바람이
창문을 살며시 두드리며 다녀갑니다.
화두話頭가 성성적적惺惺寂寂한지
스스로 점검합니다.
몸은 분명 좌복 위에 있는데
마음은 소리를 쫓아갑니다.
도망가는 마음을 붙잡아
다시 제자리에 두니
세상 소리가 사라집니다.
도망가는 너는 누구이며
붙잡아두는 너는 누구인가?
마음!
마음!

웃는 날

기도하며 아침을 엽니다.
어제만 눈을 세 번이나 치웠는데
밤새 또 내리더니 지금도 내리고 있습니다.
설국의 세상은 참으로 아름답습니다.
눈 치우는 일은 힘들지만
그래도 눈이 와서 좋은 날입니다.
비가 와도 좋은 날입니다.
날씨는 내 뜻대로 할 수 없습니다.
그러나 날씨에 마음을 맞추면
날마다 좋은 날이 됩니다.
삶에 기쁨을 더하면 행복한 날이 되고
고통을 더하면 불행한 날이 됩니다.

발자취

'마음이 어디에 있는가?
가지고 있다면, 여기 내놓아보아라.'
마음을 내놓을 수는 없습니다.
다만 말과 행동을 통해
그 마음을 짐작하고 볼 수 있습니다.
말은 마음의 그림자이고
행동은 마음의 발자취입니다.
말과 행동이 곧 그 사람의 마음입니다.
마음이 어디에 있는지 찾아보십시오.
찾으려 해도 온전히 찾을 수는 없지만
우리는 그 마음을 늘 보고 살아갑니다.

세 가지

세상에는 절대 돌아오지 않는
세 가지가 있습니다.
첫째, 말입니다.
한 번 내뱉은 말은 다시 주워 담을 수 없습니다.
둘째, 화살입니다.
활시위를 떠난 화살은 되돌아오지 않습니다.
셋째, 시간입니다.
세월은 흐르는 물과 같아 한 번 흘러가면
다시 잡을 수 없습니다.
그렇지만 흘러가는 시간을
붙잡는 길이 있습니다.
참회와 반성으로 지난날을 되돌아보며
무엇을 잃었고, 무엇을 얻었는가?
스스로에게 묻는 일입니다.
그리하여 얻은 것에 감사하고,
잃은 것에 대해 반성할 때
흘러가는 시간은 그저 사라지는 것이 아니라
우리 마음에 머물며 다시 새롭게 살아갈
지혜와 용기가 되어줍니다.

말은 마음의 그림자이고
행동은 마음의 발자취입니다.
말과 행동이 곧 그 사람의 마음입니다.

마음이 어디에 있는지 찾아보십시오.

제3장

花
화

빗방울

비가 내리고 있습니다.
연잎 위에 맺힌 빗방울—
연잎은 빗방울을 소유하지 않습니다.
가질 만큼만 가지고,
나머지는 미련 없이 흘려보냅니다.
삶의 지혜도 그러합니다.
비우고 나누는 데 있습니다.
과거에 매이지 말고
마음의 짐을 덜어내십시오.
과거보다 다가올 미래가 더욱 소중합니다.
오늘, 비가 내려 좋습니다.
빗속에서 잠시 스친 발자국 하나가
마음에 잔잔히 남습니다.

**한
점**

누구는 시간 속에 살고
누구는 시간 밖에 삽니다.
《당시선집唐詩選集》에 이런 구절이 있습니다.

깊은 산속이라 달력이 없으니
한겨울이 다 지나도 해 가는 줄 모르겠네
山中無歷日 寒盡不知年

시간에는 질적 차이는 없지만
양적 차이는 있습니다.
시간 속에 공간이 있고
공간 안에 시간이 있습니다.
시간과 공간은 살아가는 사람의 몫입니다.
바람 한 점 불어오니
구름은 잠시 머물다 사라집니다.

봄비

꽃잎에 맺힌 작은 물방울 속에서
불일암이 담겨 있는 것을 보았습니다.
나무속에는 잎이 있고
잎 속에는 꽃이 있습니다.
꽃 속에는 열매가 있고
열매 속에는 다시 나무가 숨어 있습니다.
《화엄경》에 이런 말씀이 있습니다.

한 점 티끌 속에 온 세상이 담겨 있다
一微塵中含十方

한 그루 나무에도
온 우주의 진리가 숨 쉬고 있습니다.
잎과 꽃, 열매와 나무가 서로를 품고 있듯
우리 삶의 작은 존재들 속에도
온 우주가 담겨 있음을 느낍니다.

행복

겨울은 밖에 있는 나를
방 안으로 불러들이고
봄날은 방 안의 나를
다시 밖으로 불러냅니다.
봄 향기 그윽한 오늘,
산으로 들로 꽃을 만나러 나서보세요.
산이 멀다면 가까운 꽃시장에 가서
봄을 집 안으로 초대해도 좋습니다.
꽃 한 송이가 건네는 작은 기쁨,
그 속에 머무는 작은 행복.
행복은 누가 주는 것이 아니라
우리가 스스로 피워내는 꽃과 같습니다.
봄이 이미 내 곁에 와 있습니다.

섭리

자연은 참으로 아름답고
또한 신비롭습니다.
엊그제 아침,
마당 한 켠에서 어린 소쩍새 한 마리가
작은 몸을 웅크린 채 앉아 있었습니다.
어디선가 길을 잃고 날아든 듯했습니다.
혹여 들고양이 눈에 띌까 염려되어
조심스레 박스에 담아두었지요.
그러나 이내 날개를 퍼덕이며
다시 자연의 품으로 돌아갔습니다.
자연은 스스로 길을 찾습니다.
우리가 아무리 사랑을 건네도
자연이 지닌 힘 앞에서는
겸허해질 수밖에 없습니다.
자연을 가까이하면 우리 또한 자연이 됩니다.
피고 지고, 태어나고 사라지는 것.
이것이 자연의 질서이며 섭리입니다.

계절
문턱

산허리마다 산벚꽃이
화사한 미소로 인사를 건넵니다.
잦은 봄비 덕분에
골짜기엔 청아한 물소리가 흐르고
바람결 따라 꽃잎들은 조용히 흩어집니다.
아름다운 것일수록
머무름이 짧아 보이는 법.
큰 일교차 속에 만물은
인고의 시간을 견뎌내며
또 하나의 계절 문턱을 넘어섭니다.

가뭄

찔레꽃이 피어오르고
뻐꾸기가 자지러지게 울면
가뭄이 온다는 말이 있습니다.
메마른 채소밭에서 신음하고 있는
고추와 상추, 쑥갓에
오늘도 물을 주며 생기를 나눕니다.
자연에 기대어 사는 삶은
물 없이는 하루도 버티기 어렵습니다.
채소가 물을 머금고 생기를 되찾으면
밥상도 비로소 풍요로워집니다.
물은 곧 생명줄입니다.
올해 여름 안거는 하늘을 바라보며
비 소식을 기다리는 날들이 될 것 같습니다.

별빛

밤하늘에서 은은한 별 향기가 납니다.
별은 어둠 속에서 더욱 빛나고,
달은 별들 사이 외딴 섬처럼 홀로 떠 있습니다.
별이 달보다 눈부시고 아름다운 건
그 빛이 영롱하게 반짝이기 때문이겠지요.
별이 가득한 밤입니다.
저 반짝이는 별 하나하나는
누군가의 영혼인지도 모르지요.
언젠가 먼 훗날
나 또한 그 별빛 속 어딘가에
있을 것만 같습니다.

채소

비 내리는 아침, 공기는 맑고 상큼합니다.
요즘 아침상은 소박합니다.
채마밭에서 갓 따온 야채와 잘 익은 토마토,
모짜렐라 치즈 한 조각에 호밀빵 반쪽.
한 끼를 차리며 허비되는 시간을 줄이니
간소함 속에서도 넉넉함이 느껴져 좋습니다.
초여름 농사지은 채소가 풍성하여
밥상은 그야말로 채소밭입니다.
해마다 즐기던 죽순 요리를
올해는 가뭄 탓에 맛볼 수 없어
아쉬움이 남습니다.
이제 우리 밥상에 오르는 먹거리가
삶의 큰 화두가 되었습니다.
그럼에도 저는 간단한 식단으로
조금은 우아하게, 자연을 벗 삼아 먹습니다.
자연의 소리는 언제 들어도
아름다운 음악입니다.
홀로 사는 수행자에게는
자연이 도반이고, 스승입니다.

더위와 추위

《벽암록》에 나오는
동산무한서洞山無寒暑의 이야기입니다.
어느 날, 한 스님이 동산양개洞山良价선사께
여쭙습니다.
"몹시 덥거나 몹시 추울 때,
어떻게 해야 더위와 추위를 피할 수 있습니까?"
선사는 미소 지으며 답합니다.
"더위도 추위도 없는 곳으로
가면 되지 않겠느냐."
스님이 다시 여쭈었습니다.
"그러면 더위도 없고, 추위도 없는 곳은
어디입니까?"
그러자 선사는 이렇게 답합니다.
"더울 때는 그대 자신이 더위가 되고
추울 때는 그대 자신이 추위가 되어라."
덥다 춥다 하는 것은 그저 하나의 느낌이요
마음이 지어낸 분별일 뿐입니다.

태풍

이틀 동안 줄기차게 내린 빗줄기 덕에
조계산 계곡엔 물소리가 맑고 우렁찹니다.
하지만 태풍이 지나간 자리엔
부러진 나뭇가지들이 널브러져 있어
휴가철에 찾아올 방문객들을 위해
비를 맞으며 하나하나 정리했습니다.
세상에 좋은 일만 있을 수는 없습니다.
무언가를 얻으면 그만큼의 대가도 따릅니다.
비만 오는 것이 아니라
태풍의 피해도 뒤따르지요.
우리 삶도 다르지 않습니다.
호사다마好事多魔.
좋은 일 뒤엔 언제나 시련이 따릅니다.
기쁨 속에 슬픔이 있고,
평안 속에 어려움이 있습니다.
이것이 우리의 삶이며
날마다 마주하는 일상입니다.
맑은 물소리도
먼저 태풍을 견뎌낸 뒤에야 들려옵니다.

좋은 일 뒤엔 언제나 시련이 따릅니다.

기쁨 속에 슬픔이 있고,
평안 속에 어려움이 있습니다.

사르륵

하늘이 점점 높아지고 있습니다.
기온은 아직 여름이지만
아침저녁 바람결이 달라졌습니다.
떨어진 후박잎 하나가
바람에 뒹굴고 있습니다.
지루한 여름의 끝자락,
밤이 되면 영롱한 별빛이 다가와
긴 여름밤을 위로해줍니다.
열어둔 창문 너머로
별 하나를 혼자서 맞이합니다.
별빛이 후박나무에 기대어 춤을 춥니다.
처서處暑가 지나고 나니
한 줄기 맑은 바람이 스쳐 지나갑니다.
머지않아 가을이 올 것입니다.

계절의
선물

지난 찜통더위에 지쳤습니다.
그러나 더위를 원망하지 않습니다.
무더운 여름이 있었기에
서늘한 가을바람이 불어오고,
그 가을바람 속에서
이삭은 여물고 과일엔 단맛이 듭니다.
만일 이런 계절의 순환이 없다면
살아 있는 모든 것은
제대로 삶을 누릴 수 없을 것입니다.
사계절이 있기에 시간의 흐름 속에서
우리는 봄의 설렘, 여름의 열기,
가을의 결실, 겨울의 고요를
온몸으로 느낄 수 있습니다.
사계절이 있는 한국에 산다는 것,
참으로 큰 복입니다.
춥고 더운 날들도
삶이 우리에게 주는
한때의 선물입니다.

보이는 것

여름 한철을 무사히 넘겼다며
'지네에 안 물리고 잘 지나갔구나!' 하고
안도했는데, 바로 다음 날 새벽
지네에게 물리고 말았습니다.
도랑에 뱀이 보이지 않아
다 사라진 줄 알았는데
풀을 베다가 뱀의 허물을 발견했습니다.
우리는 눈에 보이지 않으면
없다고 생각합니다.
단지 서로 보지 못했을 뿐
그들은 여전히 존재하고 있었습니다.
삶 또한 그렇습니다.
비록 함께하지 못하더라도
우리는 여전히 서로의 곁에 있습니다.

고요한 행복

비가 내려 촉촉해진 도량을 쓸어냅니다.
물기에 달라붙은 나뭇잎은
쉽게 떨어지지 않습니다.
마당을 쓸다 잠시 멈추어 땀을 식히며
잔잔한 재즈 음악과 함께
커피 한잔을 즐깁니다.
이것이 나의 즐거움입니다.
홀로 누리는 고요한 행복입니다.
방문객이 행복하게 밟아놓은 낙엽 또한
이제는 나의 몫이 됩니다.
너의 기쁨이 나의 번뇌가 아니라
그것이 곧 수행입니다.
물들어가는 넝쿨의 빛을 눈에 담고
자연을 가슴에 안으며 오늘을 살아갑니다.

걷기

가을은 걷기 좋은 계절입니다.
누군가와 함께 걷는 것도 좋지만
홀로 걷는 길이 더 좋습니다.
저 멀리 앞에서 홀로 걸어가는 사람
저 멀리 뒤에서 홀로 걸어오는 사람
홀로 걷는 이들이 많습니다.
홀로 걸으면 침묵 속에서 자신과 대화하고
자연과 교감하며 세상의 결을 느낍니다.
홀로 걷지만 고독하지 않습니다.
생각 너머로 보이지 않는 소통이 이어집니다.
걷는 것은 단순한 발걸음이 아니라
몸과 마음을 맑게 하는 수행이며
내 삶을 건강하게 가꾸는 길입니다.

존재

고요한 아침, 안개가 밀려옵니다.
밤사이 떨어진 낙엽을 줍습니다.
등 뒤에서 또 후박잎이
떨어지는 소리가 들려옵니다.
"나 여기 또 있다!"
떨어지는 낙엽이 자신의 존재를 알려줍니다.
가을은 낙엽의 계절입니다.
떨어지는 낙엽 하나하나가
저마다의 방식으로 살아 있음을 전하듯
저도 그렇게 이곳에 있습니다.
모든 존재는 각자의 의미로 살아갑니다.

단상

남은 날들을 무엇으로 채울까 생각합니다.
채움은 먼저 비움에서 시작됩니다.
비워야만 새롭게 채울 수 있습니다.
저 멀리 앞산 정상에 서 있는
옷 벗은 나무의 모습이 보입니다.
잎이 모두 떨어지니 나무의 실체가 드러납니다.
하루하루의 시간 속에서
드러나는 나무의 실체처럼
가려진 것이 사라지니
나의 참모습도 보입니다.
이제 남은 날들은
텅 빈 마음으로 채워야겠습니다.

소리

자연 속에 살면 자연의 소리를 듣습니다.
도시에서는 도심의 소리를 듣습니다.
음향전문가 한 분이 자연의 소리를 담겠다며
사나흘 머물다 갔습니다.
영화 〈봄날은 간다〉의 남자 주인공처럼
직접 자연의 숨결을 담고 싶었던 것이지요.
소리에는 감정이 깃들어 있습니다.
새소리는 초봄 산란기에 가장 청아하고
바람 소리는 늦가을 낙엽이 질 때 가장 맑습니다.
사람의 소리는 사랑이 담겨 있을 때
가장 아름답습니다.
순박한 청년은 그저 자연스럽게
소리를 녹음할 수 있으리라 믿었습니다.
자연은 때가 되어야 소리를 냅니다.
바람이 불지 않으면 소리는 들리지 않습니다.
모든 것은 인연 따라 일어나고,
인연 따라 사라집니다.
이것이 연기緣起의 이치입니다.

그 자체로 이미 아름답습니다.
비교하지 마십시오.

시기하지 마십시오.
오직 나만의 색으로 존재하십시오.

전설

솔잎을 갈퀴로 모읍니다.
낙엽은 군불을 지피는 밑불로 으뜸이지요.
갈퀴질하며 낙엽을 모으는 제 모습을
한 방문객이 한참이나 서서 바라봅니다.
그리고 이렇게 말합니다.
"스님, 아직도 낙엽으로 군불을 지피세요?
21세기에 전설 같은 모습으로 사시네요!"
그의 감탄 속에 옛 추억담을 나누며 웃었습니다.
삶은 주어진 환경 속에서 이루어집니다.
불일암 난방은 보일러가 아닌 장작불입니다.
시설이 열악하면 몸이 부지런해야 하고
시설이 편리하면 머리로 살아가게 됩니다.
좋고 나쁨도, 편하고 불편함도
결국은 내 마음에 달려 있습니다.

나이

후박나무 잎사귀가 우수수 떨어져
마당을 가득 채웁니다.
기온이 뚝 떨어지니 문득
겨울이 성큼 다가온 듯합니다.
동안거가 가까워져옵니다.
겨울을 맞이하려면 장작과 김장이 필수입니다.
상좌들과 함께 지게를 지고
장작을 마련했습니다.
이제는 지게질하는 시대가 지났지만,
불일암은 보일러 시설이 없어
여전히 장작을 준비해야 합니다.
땀방울로 힘겹게 마련한 장작이기에
더 아껴 쓰게 되고,
그 소중함 또한 절실히 알게 됩니다.
겨울을 준비하며 세월의 나이를 돌아봅니다.
건강해야 누군가의 짐이 되지 않고
홀로 설 수 있음을 다시금 마음에 새깁니다.

청매화

찬 공기 속에 봄 내음이 묻어옵니다.
청매화 꽃망울이 부풀어 오르고
나무 끝자락에는 새 움이 돋아납니다.
아직은 영하의 날씨지만
산 너머 봄바람이 달려오니
풍경 소리도 바빠집니다.
계절은 시간 너머에서 다가오고
그리움은 시간 속에서 피어오릅니다.
아, 청매화 필 무렵—
은사스님의 법향이 그립습니다.

꽃

꽃이 좋습니다.
꽃을 바라보며 나 자신을 비춥니다.
나 또한 꽃처럼 살아가려 합니다.
아름다움은 꾸미지 않아도
본래 그대로 존재하는 법.
자신을 잃지 않고 고유의 빛깔을 간직한다면
그 자체로 이미 아름답습니다.
비교하지 마십시오.
시기하지 마십시오.
오직 나만의 색으로 존재하십시오.
당신은 이미 충분히 아름답습니다.
누가 이름을 불러주지 않아도
그 자체로 빛나고 향기롭습니다.
나 자신은 꽃입니다.
세상에 단 하나뿐인 꽃입니다.

묵묵히

수련 법회에서 울리는 목탁 소리와
문 너머 빗소리가 어우러집니다.
우리 시선은 소리를 따라 움직입니다.
수많은 소리 가운데 어디에 귀 기울일까요?
불일암 마루에 앉아
한 선사의 시를 듣습니다.

우리도 꽃처럼 후회 없이 살아야 합니다.
흐르는 시간과 계절 속에서도
자신의 향기와 빛을 온전히 피워내며
살 수 있어야 합니다.

꽃은 묵묵히 피고 묵묵히 진다
다시 가지로 돌아가지 않는다
그때 그곳에서 모든 것을 내맡긴다
그것은 한 송이 꽃의 소리요
한 가지 꽃의 모습
영원히 시들지 않는 생명의 기쁨이
후회 없이 거기서 빛나고 있다

자리

어제 나는 저기에 있었고
오늘은 여기에 있습니다.
내가 있는 이 자리가 곧 나의 자리입니다.
낙엽은 떨어져도 산을 떠나지 않고
파도는 흩어져도 바다를 벗어나지 않습니다.
자연은 자신을 내어주고, 다시 품습니다.
그러나 나는 내가 만든 망상에
스스로 얽매여 힘들어합니다.
만들지 말아야 할 번뇌―
번뇌는 괴로움의 뿌리이면서
때로는 꽃이 되어
헛된 행복을 주기도 합니다.
하지만 번뇌는 본래 없고
나도 본래 없습니다.

때

꽃은 때가 되면 피고, 또 집니다.
우리에게 주어진 하루도 그렇습니다.
아침 5시면 새들이 모여 합창을 시작합니다.
좌복 위에서 듣는 그 노래는
세상에서 가장 순수한 기쁨입니다.
내가 보고 듣고 느끼며
살아갈 수 있는 오늘,
그것이 가장 큰 선물입니다.
우리에게 주어진 24시간!
일찍 시작하면 넉넉한 시간이 되고
허투루 쓰면 시간은 늘 모자랍니다.
오늘 하루는 누구에게나
평등하게 주어집니다.
시공時空을 초월할 수 있는 건
바로 나의 마음!
시간에 매이지 말고
시간 위에서 춤추는 자유인이 되십시오.
그러면 우리는 시간의 강을 건너
언제나 하나로 머물 수 있습니다.

대숲

바람이 불어 대숲이 흔들리면
댓잎이 서걱이며 소리를 냅니다.
소리가 멈추면 침묵이 있습니다.
만약 침묵이 없다면
아름다운 대숲의 소리 또한
존재할 수 있을까요?
침묵 속에 소리가 있고
소리 속에 침묵이 깃들어 있습니다.
음악이 아름다운 것도
그 침묵의 여백 덕분일 것입니다.

하늘

아침에 눈을 뜨면 하늘을 올려다봅니다.
하늘은 오늘의 날씨를 보여줍니다.
그러나 새벽하늘이
오늘 하루의 날씨는 아닙니다.
내일 일어날 일을 미리 걱정하지 마십시오.
현재의 날씨가 순간에 바뀌듯
앞일도 알 수 없는데
내일을 어떻게 알 수 있나요.
우리 삶 또한 그러합니다.
행복이 불행으로 바뀌는 것은 한순간이지만
불행을 행복으로 바꾸려면
긴 시간이 필요하지요.
그러나 길고 짧음도
머물지 않고 흘러가면 결국은 같습니다.

부처

봄비가 내리고 나니
땅속에서 새순이 꿈틀거립니다.
땅은 우리의 마음이고
새순은 그 마음에서 돋아나는
깨달음입니다.
깨달음은 번뇌의 흙 속에서 자랍니다.
108번뇌는 마음 밭에서 일어나지만
108번뇌야말로 깨달음의 씨앗이 됩니다.
부처는 이미 우리 안에 있습니다.
마음에 물을 주고 정성으로 가꾸면
우리는 모두 부처가 될 수 있습니다.

소꿉
친구

초등학교 친구 세 명이 찾아왔습니다.
아득한 시절의 소꿉친구들입니다.
세월이 흘러 나이를 먹고 찾아온 얼굴들.
차 한잔 나누며 옛날이야기를 하는데
이름만 기억날 뿐 얼굴은 선명하지 않았습니다.
그런데도 출가한 저를 '친구'라며 찾아와준
그 마음이 참 고마웠습니다.

오는 이를 막지 않고
가는 이를 붙잡지 않는 것
이것이 불법 문중이다
來者不拒 去者不追 是佛法門中

모든 것은 선택이며
자신의 마음에 달린 일입니다.

외로움

가끔 사람들이 묻습니다.
홀로 지내는 것이 외롭지 않냐고.
외로움은 상황이 아니라 마음의 문제입니다.
부부가 한집에 살아도
외로운 섬처럼 느껴진다고 하지 않습니까.
저는 어두운 밤이면
홀로 있음에 충만함을 느낍니다.
불일암에는 결코 혼자가 아닙니다.
늘 곁에 있는 이웃이 있고
풍요로운 자연의 벗이 있기에
이곳은 고립된 섬이 아니라
공존하는 공간입니다.
외로움은 스스로 만든 섬일 뿐입니다.

안식처

내가 머무는 곳은 나의 안식처입니다.
내가 머무는 곳은 나의 모습입니다.
내가 살아가는 이 공간은
내가 지어온 마음의 형상이며,
내가 빚어낸 삶의 자취입니다.
한 사람을 알고 싶다면
그가 머무는 자리를 보십시오.
그곳에는 말보다 진한
그 사람의 향기와 그림자가 남아 있습니다.
찬찬히 한번 둘러보십시오.
지금 내가 사는 공간은
어떤 모습으로 나를 비추고 있나요?
내가 가꾸는 자리가 맑으면
내 마음도 맑아지고
내가 머무는 공간이 따뜻하면
내 삶도 따뜻해집니다.
머무는 자리마다 마음꽃이 피어나고
그 꽃향기가 나와 이웃을
곱게 물들입니다.

사진

사진은 기록입니다.
사진은 추억이 되고 역사가 됩니다.
지금 이 순간도 소중하지만
지난날의 모습은 한층 더 아름답고
향기 어린 그리움으로 다가옵니다.
사진 속에는 문득
다시 보고 싶은 얼굴이 있고
다시 가보고 싶은 장소가 있습니다.
찬바람에 풍경 소리가 다가오니
흔들리던 마음도
소리 따라 사라집니다.

無言花

나는 누구인가.
너는 누구인가.

우리는 서로를 모른 채
같은 길을 걷는다.

묻고 싶어도 묻지 못하고,
알고 싶어도 알지 못한 채
하루를 건넌다.

그래서 우리는
착한 바보다.

똑똑한 척해도
정작 나 하나 밝히지 못한 채.
그러나 모름 속에서도
서로를 품고 걷는 우리는
아름다운 바보다.

알 수 없기에 바라보고,
모르기에 돌아보고,

사랑으로 깨달음으로
길 위에 말없는 꽃 하나가 피어난다.

그렇게

나는 너이고

너는 내가 된다.

때가 되면 꽃이 피고 지는 것도 시절인연,

여기에 우리가 만나고 함께하는 것도
모두 다 시절인연입니다.

제4장

...

고독

수행자는 절대 고독 속에 살아갑니다.
절대 고독이란 홀로 당당하게 서는 일입니다.
누구에게도 의지하지 않고 스스로 만족하며
법희法喜의 충만 속에 머무는 삶입니다.
이웃 중생을 제도하기보다
먼저 내 마음속 중생을
제도하는 것이 중요합니다.
내 안의 중생이 제도되면
그 향기는 저절로 번져나갈 것입니다.
하루하루 탁발하는 마음으로 세상을 거닙니다.
비우고 또 비우는, 비움의 연습을 거듭합니다.
참된 수행자가 되기 위해
오늘도 절대 고독의 길을 묵묵히 걸어갑니다.

소임

공동체 안에서 소임은 매우 중요합니다.
소임은 권력이 아닌,
맡겨진 의무이자 책임입니다.
간혹 소임을 영원한 권력인 듯
착각하기도 합니다.
그러나 우리의 삶 또한
각자에게 주어진 하나의 소임일 뿐입니다.
나이가 들수록 의식은 굳어가고
굳어진 생각은 고집으로 드러납니다.
나는 혹시 편협한 생각을 하고 있지는 않은가?
나의 고집이 누군가에게
상처가 되고 있지는 않은가?
스스로를 반조反照할 때
비로소 지혜가 생깁니다.
그 지혜가 나와 공동체를 밝히는
등불이 될 것입니다.

한 걸음

풋풋한 학인스님이 대견하고 장합니다.
힘들다는 송광사 강원에서
수행의 길을 걷는 것만으로도 고맙습니다.
출가 수행자는 고행苦行을 해야 한다는
사회적 관념이 있습니다.
요즘엔 고행을 멀리하려는 경향이 있습니다.
그 때문에 학인스님이 줄어들고 있습니다.
세상이 말세末世라 하더라도
학인스님들은 난행難行을 능행能行하며
묵묵히 정진하고 있습니다.
한 송이 꽃은 인고忍苦를 견뎌낼 때
진한 향기를 냅니다.
내 방 안에 꽃향기가 그윽하듯
강원에도 꽃향기가 가득하기를 기도합니다.
진심眞心으로, 자비심慈悲心으로
승풍僧風이 꽃처럼 피어나도록
도피안到彼岸을 향해
한 걸음, 또 한 걸음 나아가기를…

구도

수련생이 도를 구하러 왔다고 합니다.
과연 도道가 어디에 있습니까?
참선을 하면 도를 구할 수 있을까요?
도는 구한다고 해서
손에 쥘 수 있는 물건이 아닙니다.
부처님께서도 도를 찾아
이리저리 다니신 것이 아닙니다.
마음 밖에서
도를 구하고 법을 구하는 자들은
모두 업을 지으며 방황하는
중생일 뿐입니다.
구하려는 집착의 마음이 있는 한
도는 결코 얻어지지 않습니다.
기도와 수행은 구하고 얻으려는
마음조차 내려놓고
그저 묵묵히 행하는 것입니다.

새로운 길

주말마다 '템플스테이'를 하러 찾아옵니다.
그들은 입을 모아 말합니다.
"힐링하러 왔습니다."
힐링은 어떻게 하는 것일까요?
우선 나를 지치게 한 곳으로부터
벗어나야 합니다.
모든 것을 잠시 내려놓고
새로운 공간에서 나를 맡겨보십시오.
그때 비로소 힐링은 시작됩니다.
함께 공감해줄 수 있는 이웃
말없이 기댈 수 있는 자연
묵묵히 수행하는 스님들의 모습만 보아도
답답했던 숨통이 열리고
새로운 길이 보이기 시작합니다.
꽉 막힌 외길에서 잠시 벗어나
다른 풍경을 바라보면
그 안에서 길이 드러납니다.

희망

"땅에서 넘어진 자는
땅을 짚고 일어서야 한다."
넘어진 자도 나 자신이고
일어서야 할 이도 나 자신입니다.
우리는 허공을 짚고 일어나려고 합니다.
허공은 우리 삶에
어떠한 버팀목도 될 수 없습니다.
문제의 해답은 언제나 내 안에 있습니다.
나를 쓰러뜨린 그 땅이
나를 다시 일으켜 세우는 디딤돌이 됩니다.
밖에서 답을 찾으려 하지 말고
내 안에서 답을 찾아야 합니다.
괴로움은 깨달음으로 향하는 길입니다.
땅에 손을 짚는 순간,
희망이 됩니다.

차
한잔

불일암으로 돌아왔습니다.
바람은 달고 공기는 신선합니다.
마당을 쓸고 해우소를 청소했습니다.
내가 머무는 공간은 내가 주인입니다.
청소는 누구를 위해 하는 것이 아니라
내가 행복하고 맑은 정신을 지니기 위함입니다.
대중처소에서 지내다가
혼자 사는 암자로 돌아오면 여유롭습니다.
그러나 그 여유로움 뒤에는
혼자 해야 할 일들도 많습니다.
달빛 고운 암자에서
홀로 툇마루에 앉아 차 한잔을 듭니다.
앞산 너머로 굴러오는 달을 바라봅니다.
달은 내 가슴에 안기고
나는 달빛 속으로 들어갑니다.
하안거를 마치고 돌아온 집은
고요히 나를 품어주고
마음은 여유롭고 넉넉하여
참으로 좋습니다.

그 자리

땀을 흘렸습니다.
그 땀방울이 떨어진 자리에
한 송이 꽃이 피어났습니다.
꿈을 꾸었습니다.
그 꿈은 생각의 그림자였습니다.
진리는 어디에 있을까요?
맑은 지혜로 도道를 깨쳤다면
본래 거기에 있던 것을 본 것이고,
아직 헤매고 있다면
그것을 보지 못한 것입니다.
깨달음은 멀리 있지 않습니다.
늘 그 자리에, 본래 그 자리에 있습니다.
다만 어리석은 사람은
옆에 두고도 알지 못할 뿐입니다.

정성

우리 고민은 어떤 일을 시작할 때보다
할지 말지 망설이는 순간에 더 많이 생깁니다.
아직 일어나지 않을 일을
굳이 앞당겨 걱정할 필요는 없습니다.
중요한 것은 내가 하는 일에
얼마나 정성을 기울이느냐입니다.
기도도 그렇습니다.
건성으로 하는지, 정성으로 하는지는
부처님보다 내가 먼저 압니다.
스스로에게조차 감동을 주지 못한다면
그 기도는 누구에게도 메아리가 되지 못합니다.
우선 나 자신부터 감동해야 합니다.
간절한 마음으로 하십시오.
고민은 마음에 없는 일을
억지로 하려 할 때 생깁니다.
내가 먼저 감동하면
하느님도 부처님도 감동할 것입니다.

깨달음은 멀리 있지 않습니다.
늘 그 자리에, 본래 그 자리에 있습니다.

다만 어리석은 사람은
옆에 두고도 알지 못할 뿐입니다.

기도

기도란 무엇일까요?
기도는 끝없는 욕망을 채우는 일이 아니라
비우는 것이 진정한 기도입니다.
혹시 나는 탐욕을 채우기 위해
기도하고 있지는 않은지
나의 바람이 이루어지지 않았다고
실망하거나 괴로워하고 있지는 않은지
스스로를 돌아보아야 합니다.
참된 기도는 나만을 위한 것이 아닙니다.
모두를 위한 것이어야 합니다.
나의 욕심과 바람을 내려놓고 나누는 일.
그것이 기도의 본질입니다.
비우십시오.
비워야 채워집니다.
욕심은 부리는 만큼 고통을 낳고
비우는 만큼 기도는 성취됩니다.
비우고 또 비우는 것이야말로
참된 기도입니다.

무심

깨달음을 얻으려 애쓰면
깨달음은 더 멀어집니다.
무언가 구하려는 욕심이
오히려 길을 가로막기 때문입니다.
그래서 옛 선사들은
무심無心이 곧 도道라고 했습니다.
무심하게, 그러나 방향을 잃지 않고 걷는 것.
그것이 곧 깨달음의 길입니다.
깨달음은 분명 목적일 수 있으나
결코 집착의 대상이 되어서는 안 됩니다.
집착은 우리를 고통으로 이끌고
집착이 사라지면 마음은 저절로 평안해집니다.
과정을 즐기면 결과 또한 좋습니다.
목적을 머리에 이고 걷지 말고,
과정에 충실하십시오.
순간순간 하는 일이 즐겁다면
모든 순간이 극락이고
깨달음은 이미 내 곁에 와 있습니다.

불씨

신부님, 수녀님, 목사님을 만나
대화를 나누다보면
가끔 저에게 이렇게 말씀하십니다.
"스님, 기도해주십시오."
기도란 무엇일까요.
기도는 마음의 메아리입니다.
멀리 퍼져나가 이웃에게 닿고
보이지 않는 세계와 연결되는 울림입니다.
이웃을 위해 할 수 있는 가장 큰일.
그것은 기도입니다.
기도는 염원이자 발원이며
내 안에서 피어난 작은 불씨가
세상을 따뜻하게 밝히는 불빛이 됩니다.
이 세상은 마음으로 만들어진 형상입니다.
마음은 이 세상과 저 세상을 잇는 다리입니다.
마음이 없으면 기도도 없고
기도가 사라진 세상엔
메아리조차 남지 않을 것입니다.

부처의 생각

부처님은 무슨 생각을 하실까요?
부처님은 중생의 생각이 아닌,
부처의 생각을 하십니다.
우리는 앉았을 때 무슨 생각을 할까요?
화두話頭 하나에 일념이 되면 좋겠지만
대부분은 망상妄想이 파도처럼 일어납니다.
앉아 있다고 해서 부처가 되는 것이 아닙니다.
부처의 생각을 해야 부처가 됩니다.
중생은 중생의 생각을 하고
부처는 부처의 생각을 합니다.
나의 생각과 행동은
내가 살아오며 익힌 습관의 열매입니다.
절에 오래 다녔다고 자랑하지 마십시오.
바른 생각으로 하루를 다닌 사람보다 못하다면
당신은 헛농사를 지은 것입니다.
앉아 있다고 전부가 아닙니다.
마음을 일깨워 부처의 생각을 할 때
비로소 부처가 되는 것입니다.

관점

세상의 일은
바라보는 관점에 따라 달라집니다.
누가 보느냐에 따라
해석은 또 달라집니다.
1+1=2라 하지만 에디슨은 1이라 했습니다.
물방울 하나에 또 다른 물방울을 더하면
결국 하나가 되기 때문입니다.
또 시너지 효과를 중시하는 이는
1+1=3이라고 합니다.
모든 일에는 저마다의 일리가 있지만
그것이 반드시 진실과 일치하는 것은 아닙니다.
불교에서는 이런 가변성을 인정하며
삶의 방향은 자신이 결정한다고 말합니다.
100-1=0이 될 수도 있고
100+1=200이 될 수도 있는 것처럼
결과는 상황과 선택에 따라
달라질 수도 있습니다.

먼저

남을 쉽게 비판하지 마십시오.
비판하기 전에 자신을 먼저 살펴야 합니다.
《법구경》〈기신품己身品〉에 있는 말씀입니다.

남의 마음을 판단하기 전에
내 마음을 먼저 살펴보라
나의 마음도 다루기 어려우니
먼저 내 마음을 닦은 후에 남을 가르치라
當自剋修 隨其敎訓
已不被訓 焉能訓彼

성숙한 사람은 남에게는 너그럽고
자신에게는 더욱 엄격합니다.
자기를 먼저 다스릴 줄 아는 사람만이
남을 바르게 인도할 수 있습니다.

용심

우리에게 진정 필요한 것은
사랑과 자비입니다.
마음 깊은 속에는 이미 충만함이 있지만
늘 결핍된 듯 느껴지는 것도
사랑과 자비입니다.
내 안에 있으면서도 쓸 줄 모르는 것은
무지無知 때문입니다.
마음을 잘 쓰는 것,
용심用心을 바르게 잘하는 사람이
지혜로운 사람입니다.
사랑과 자비는
내 마음을 어떻게 쓰느냐
그 쓰임에 달려 있습니다.

이웃

좋은 이웃이 가까이 있다는 것은 큰 복입니다.
홀로 사는 수행승에게
가끔 반찬을 챙겨주는 스님이 계십니다.
같은 길을 걷는 수행자로서
서로의 입장을 알기에
마음의 부담이 없어 좋습니다.
같은 길을 걸으며 같은 방향을 바라보고
같은 목적으로 나아가는 이가 있다면
그는 참으로 귀한 도반입니다.
우리 삶도 그렇습니다.
같은 생각과 공감대를 가진 사람과
함께하면 행복합니다.
서로 배려하고 이해하며 마음을 나누면
가진 것이 적어도 부자가 됩니다.

보살의 얼굴

사람의 얼굴은
그 사람의 마음이라 했습니다.
마음은 두 가지 모습으로 드러납니다.
하나는 본래 그대로의 마음,
맑고 고요하고 편안한 청심淸心입니다.
또 하나는 세상에 물든 마음,
어리석고 의심으로 흐려진 염심染心입니다.
무유공포無有恐怖를 벗어난 얼굴은
두려움이 없고,
전도몽상顚倒夢想을 벗어난 얼굴은
고요합니다.
자신을 다스리는 얼굴은 평안하며
베푸는 얼굴은 넉넉합니다.
고요하고 평안하고 넉넉한 얼굴이
보살의 얼굴입니다.

열쇠

사랑이 없는 삶은 메마른 들판과 같습니다.
빛도 사라지고 기쁨도 고갈된
황량한 인생입니다.
사랑이란 무엇일까요?
늘 곁에 있고 싶은 마음,
아낌없이 주고 싶은 마음,
서로를 깊이 살피며
한없이 소중히 여기는 마음입니다.
행복은 사랑의 나무에서 열리는
열매와 같습니다.
너와 나의 따뜻한 만남,
성실한 만남 속에서
서서히 익어가는 인생의 선물입니다.
행복의 문을 열어주는
세 가지 열쇠가 있습니다.
지혜와 정성, 그리고 꾸준한 노력입니다.

자신을 다스리는 얼굴은 평안하며
베푸는 얼굴은 넉넉합니다.

고요하고 평안하고 넉넉한 얼굴이
보살의 얼굴입니다.

지족

소병소뇌少病少惱, 소욕지족少欲知足

병이 깊으면 많은 고통으로 번뇌가 많아지고
욕심이 적으면 적은 것으로도 만족합니다.
욕심이 많은 사람은 고뇌도 많습니다.
욕심이 적은 사람은 구하는 것이 없기 때문에
근심 걱정도 가벼워집니다.
사람의 욕망이란 끝이 없습니다.
채우려 할수록 허망하고,
덜어낼수록 충만합니다.
적게 가질수록 귀하고 소중한 줄 알면
고뇌가 말끔히 사라집니다.
이것이 소욕少欲이고, 지족知足입니다.

찰나

잠에서 깨어납니다.
나의 아픔은 어디에서 오는 것일까요.
아픔 없이 사는 사람은 없습니다.
고통도 삶의 한 부분입니다.
다만 고통이 오래 머물지 않고
강물처럼 흘러가주기를 바랄 뿐입니다.
한 생각을 돌이켜봅니다.
고통은 살아 있음의 증거라고.
아픔을 통해 아픔을 벗어나는 법을 배웁니다.
상처받은 이들의 마음을 헤아리게 됩니다.
영원한 즐거움도 없고 괴로움도 없습니다.
모든 것은 찰나일 뿐
삶도 죽음도 그저 한순간입니다.

발이
닿는
곳

망망대해에 점 하나가 희망입니다.
그 점 하나가 육지이고
내 발이 닿는 곳이 삶의 자리입니다.
두 발로 걸으며
별빛 아래 잠들고
일출과 함께 하루를 시작합니다.
삶이란 걸음마다 새겨지는 나의 도전과
가슴 깊이 숨 쉬는 나의 의지로 만들어집니다.

시간

자주 듣는 말이 있습니다.
"깜박깜박 잊어버린다."
나이가 들면 자연스러운 현상입니다.
기억은 점점 희미해지고
추억은 더욱 짙어지며
시간은 빠르게 흘러가버리고
그리움은 차곡차곡 쌓여갑니다.
이 모든 것이
삶의 여정이고, 삶의 향기입니다.
인생은 주름살이 깊어지는 만큼
한층 더 깊은 맛을 내는 법입니다.

꽃잎

꽃잎이 떨어지는 모습을 보며
참으로 짧다는 생각이 듭니다.
아름다움도, 향기도 잠시입니다.
우리 역시 영원히 머무르지 못합니다.
언젠가는 꽃처럼
이 세상과 작별할 날이 올 것입니다.
그럼에도 우리는 왜 묵은 감정에
매여 살아가는 걸까요.
내가 언제 이 세상을 떠날지 모르니
나를 비워야 합니다.

잠들기 전에

티베트 사람들은 일상 속에서
무상과 죽음에 대해 늘 생각하며 산다고 합니다.
잠들기 전 이불 속으로 들어갈 때는
'내가 죽었다'고 생각하고,
다음 날 아침 눈을 뜰 때는
'내가 태어났다'고 생각합니다.
매일 아침 새롭게 태어났기 때문에
그날 하루가 새롭고
감사하게 느껴집니다.
'단 하루를 살더라도
내가 남을 돕지 못한다면
괴롭히지 말자.
거짓말과 나쁜 일을 하지 말고
바르게 살자'
이 마음으로 하루를 시작합니다.
아침에 5분, 잠자기 전에 5분.
하루 10분의 여유만 있으면
행복해질 수 있습니다.

숙제

실크로드를 함께 순례했던 어른스님이
건강이 좋지 않다는 전갈이 왔습니다.
병을 발견했을 땐 이미 늦은 상태였습니다.
스님은 치료를 거부하고 곡기를 끊으셨습니다.
얼굴은 맑고 좋은데 기운이 없다고 했습니다.
꺼져가는 촛불처럼 조용히 누워 계시고,
도반 스님들은 장례를 의논하고 있었습니다.
삶과 죽음이 나란히 있는 그 자리에서
가슴이 먹먹했습니다.
한편으론 참 행복하겠다는 생각도 들었습니다.
자신의 마지막을 믿고 맡길 수 있는
좋은 도반들이 곁에 있으니 말입니다.
노병사老病死, 이 삶의 숙제는
우리 모두의 몫이며
그것을 어떻게 맞이하느냐가 중요합니다.
죽음은 나의 몫이고
그 뒤의 일은 남은 이들의 몫입니다.

열반

어른스님이 엊그제 밤, 열반에 드셨습니다.
그리고 오늘 발인이 있습니다.
수행자의 죽음은 담담했습니다.
삶의 마무리는 아름다웠고, 과정은 짧았습니다.
스님은 맑은 의식으로 곡기를 끊었고
그다음엔 물마저 끊으셨습니다.
당당하게, 담담하게 자신의 생을
스스로 정리해가는 모습이
큰 울림으로 남았습니다.
도반들과 마지막 인사를 나누고
사후의 일을 조용히 당부하고는
훨훨 떠나셨습니다.
이렇게 맑은 열반은 처음이었습니다.
사는 모습이 다르듯,
죽는 모습도 모두 다릅니다.
죽음은 삶의 끝이 아니라 삶의 결정판입니다.
우리는 어떻게 죽음을 맞이할 것인가.
살아 있는 동안의 숙제입니다.

아름다운 마무리

삶과 죽음 앞에서 초연할 수 없습니다.
가장 가까운 인연, 혈연의 고리 앞에선
마음이 쉽게 흔들립니다.
떠나는 사람과 떠나보내는 사람의
마음은 다릅니다.
늘 떠나보낼 준비를 한다 해도
그 순간이 오면 주저하게 됩니다.
그래서 떠나는 사람이
아름다운 마무리를 해야 합니다.
자신의 삶은 스스로 정리해야
남은 이들에게 짐이 되지 않습니다.
우리는 언젠가 헤어지고
또 언젠가 다시 만날 것입니다.

답   삶은 무엇입니까?

놓아버려라.

죽음은 무엇입니까?

놓아버려라.

선善이란 무엇입니까?

놓아버려라.

악惡이란 무엇입니까?

놓아버려라.

열반하신 연관然觀 스님의 서문에서

아픔   아픔은 삶의 한 과정입니다.
죽음은 새로운 탄생으로 이어집니다.
삶과 죽음은 보이지 않는 인연과 업으로
촘촘히 연결되어 있습니다.
아프면 다시 고쳐 쓰십시오.
더 아프면, 한 번 더 고쳐 쓰면 됩니다.
쓸 만큼 썼다면 집착하지 말고 버리십시오.
그리고 기꺼이 바꾸십시오.
태어남과 죽음에는 거짓이 없습니다.
잘 죽음으로써 잘 태어납니다.

위안

거센 파도와 바람이 몰아치는 밤.
외딴 섬에 홀로 사는 사람은
어떤 마음으로 시간을 보내고 있을까요?
깊은 산속에 홀로 있는 산짐승은
천둥 치는 밤을 어떻게 견뎌내고 있을까요?
길고 긴 밤은 한순간이지만
그 한순간이 영원이 되기에
우리는 때로 힘겨워합니다.
한 지붕 아래 더불어 살아도
마음은 홀로인 세상입니다.
비가 주룩주룩 내리는 장마철에도
꿋꿋하게 피어난 한 송이 꽃을 보며
위안을 얻습니다.
어딘가에 사랑이 있고
작은 촛불이 세상을 밝히기에
우리는 희망을 놓지 않고 걸어갈 수 있습니다.
홀로 있을수록 모든 순간이 소중하고
모든 것이 감사하게 느껴집니다.

마침표

인생에는 끝이라는 것은 없습니다.
하나의 일이 끝나면
또 다른 일이 우리를 기다립니다.
잠시 멈추어 나 자신을 돌아보십시오.
나의 삶에서 가장 빛나던
황금기는 언제였나요?
인생에는 쉼표가 있을 뿐,
마침표는 없습니다.
새롭게 시작할 때마다
나의 인생도 새롭게 열립니다.
마침표를 찍지 마십시오.
희망은 늘 우리 곁에 머물러 있습니다.

바람

바람이 불어옵니다.
풍경 소리가 울립니다.
12월의 마지막을 알리는 소리가
하늘에서, 산골짜기에서 달려옵니다.
12월은 하루하루 지워져가는 날들입니다.
바람이 지나가고 다시 돌아오지 않을 것처럼
조용히 사라집니다.
지난날을 어떻게 보냈느냐고 묻는다면
"그냥 잘 보냈다" 말할 것입니다.
다시 돌아갈 수 없는 날들이기에
미련 없이 보내고 남은 날을 맞이합니다.
아름다운 마무리—
한 해의 아름다운 마무리를
마음에 새깁니다.

인생에는 쉼표가 있을 뿐,
마침표는 없습니다.

새롭게 시작할 때마다
나의 인생도 새롭게 열립니다.

마치며

바다는 어떠한 물도
거부하지 않는다
海不讓水

맑은 물이라고 해서 환영하고
더러운 물이라고 해서 거부하지 않습니다.
자기 안으로 흘러드는 모든 물을
다 받아들입니다.
어떠한 환경도 가리지 않고
어떠한 흐름도 가로막지 않으며
스스로 모든 것을 품습니다.
그 거대한 품 안에서
천천히 정화해나갑니다.
바다는 그저 받아들이기에
더없이 넓고 깊은 것입니다.

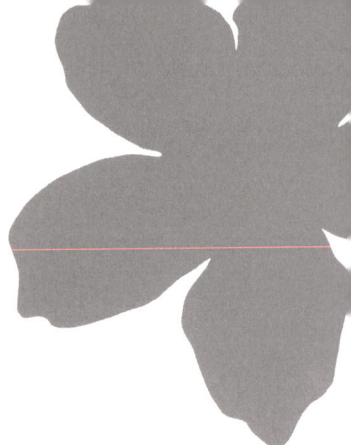

無言花

글, 사진 ⓒ 덕조

1판 1쇄 인쇄 2025년 12월 4일
1판 1쇄 발행 2025년 12월 14일

지은이 덕조 • 발행인 원명
대표 남배현 • 본부장 모지희 • 책임편집 박석동 • 경영지원 허선아
디자인 동경작업실
펴낸곳 (주)조계종출판사 • 출판등록 2007년 4월 27일(제2007-000078호)
주소 서울시 종로구 삼봉로 81 두산위브파빌리온 1308호 • 전화 02-720-6107
전송 02-733-6708 • 이메일 jogyebooks@naver.com
구입문의 불교전문서점 향전(www.jbbook.co.kr) 02-2031-2070

이 책은 저작권법에 의해 보호를 받는 저작물이므로
저자와 출판사의 허락 없이 내용의 전부 또는 일부를
인용하거나 발췌하는 것을 금합니다.

ISBN 979-11-5580-264-9 (03220)

조계종
출판사 지혜와 자비의 눈으로 세상을 바라봅니다.